パティシエにおしえてもらった

子どもがつくれる

プレゼント菓子

柴田書店

はじめに

お菓子をつくってプレゼントしたくなるのは、
どんなときでしょう。
誕生日やクリスマス、バレンタインデーやホワイトデー？

記念日や、特別な日ばかりではありませんね。
おいしくできたお菓子を、だれかに食べてほしいときや、
だれかといっしょに食べたいとき。
そして、「ありがとう」とか、「元気でね」とか、
ちょっとした気持ちを伝えたいときも、お菓子は強い味方です。

この本では、そんなプレゼントにぴったりなお菓子を、
4人のパティシエがおしえてくれています。
いろいろなクッキーや、小さな焼き菓子、
大きなケーキや、チョコレートのお菓子……。
だれかにプレゼントしたくなるお菓子がいっぱいです。

みんながちゃんとつくれるように、
ていねいに、ていねいに、つくり方を説明していますから、
好きなお菓子を選んで、つくってみてくださいね。

大人の方へ

- この本では、小学生以上のお子さんが読んで理解できるよう、難しい製菓用語は使わずに、できるだけ簡単な表現で、ていねいにつくり方を説明しています。漢字にはすべて、読み仮名がついています。
- お子さんのできることには個人差があるため、難易度やかかる時間は記していません。必要に応じて、サポートをしてあげてください。
- オーブンから天板や焼いたお菓子をとり出す際や、電子レンジや湯煎での加熱の際は、充分に注意してあげてください。
- 本書のお菓子は、この本のためにつくったものです。それぞれのお店で販売しているお菓子と異なるものも、多くあります。

もくじ

Chapter 1

クッキー

撮影　　　天方晴子

AD　　　　細山田光宣

デザイン　能城成美（細山田デザイン事務所）

イラスト　killdisco

編集　　　長澤麻美

この本の使い方と、注意すること

- お菓子づくりに必要な道具や材料、基本的な作業については、8ページから14ページにのっています。わからないことは、しらべましょう。
- つくるお菓子が決まったら、つくり方の文章や写真を見て、必要な材料と道具をそろえましょう。ボウルは2こや3こ使うお菓子もあるので、必要な数も確認しましょう。
- 道具はきちんと洗って、水気をしっかりふきとってから使います。
- つくるのに、少し時間がかかるお菓子もあります。つくる前に確認しましょう。
- お菓子をラッピングするのは、お菓子が完全にさめてからにしましょう。
- 型ぬきクッキーの型は、好きな形のものを使ってください。クッキーの枚数は目安です。使う型やぬき方によって少しかわることもあります。
- お菓子の賞味期限や食べ方について、とくに注意が必要なことや、知っていると役立つことは、「memo」のところに書いてあります。
- つくりはじめる前につくり方を読んで、やることの順番を確認しましょう。
- 最初にやっておくことは、「はじめにやっておくこと」にまとめてのっています。
- つくり方の文の中に出てくる時間は、目安です。使う調理器具などによって、少しかわることもあります。
- オーブンでの焼き時間も目安です。使うオーブンによってかわることもあるので、お菓子の色を見たり、竹串をさしてみたりして、焼けているか確認しましょう。
- オーブンは、焼く生地を入れる前に、かならず「予熱」しておきます。予熱とは、オーブンの中の温度を、そのお菓子を焼く温度に、前もって温めておくことです。やり方は、オーブンの説明書に書いてあります。焼く生地を天板にならべおわったときには、予熱がおわっているようにします。

[オーブンを使うときに注意すること]

- オーブンのとびらをあけると、中の温度が下がるので、あけたらすぐにしめましょう。
- 生地が焼けてかたまるまでは、とちゅうでとびらをあけないようにしましょう。
- オーブンの中は、焼けやすいところと焼けにくいところがあるので、とちゅうで、天板の手前と奥を入れかえることがあります。天板は熱いので、かならず軍手をはめた手でさわりましょう。

この本の決まりごと

- 生クリームは、動物性のものを使っています。
- バターは、塩の入っていない食塩不使用バターを使っています。この本では「無塩バター」といっています。
- 「たまご」は、白身と黄身を合わせた全卵のことです。
- 材料に書いてあるたまごの重さは、からから出して、といてはかった重さです。
- たまごの量が、「〇こ」と書かれているときは、Mサイズのたまごを使っています。
- 「ビターチョコレート」「ミルクチョコレート」は、お菓子づくり用のチョコレートを使っています。
- 電子レンジは600Wのものを使っています。

おしえてくれるパティシエ

いがらしろみさん

クッキーだけでも、
いろいろな種類があるから、
好きなものを選んでね。

romi-unie

江口和明さん

バレンタインデーに
ぴったりな、
チョコレートのお菓子も
たくさんおしえるね。

DEL'IMMO

遠藤淳史さん

特別な日には、
デコレーションケーキ
にも挑戦してみよう！

confect concept

新田あゆ子さん

つくり方をていねいに
説明したから、
じっくり読んで、
つくってみてね。

菓子工房ルスルス

お菓子づくりに使う、おもな道具

はかり

デジタルのはかり。できれば、0.1ｇ単位まではかれるものがあるとよい。

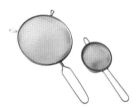

粉ふるい、茶こし

粉類をふるうときや、液体をこすときに使う。柄がついたものが使いやすい。

ボウル

いろいろな作業に使う。大、中、小が何こかずつあるといい。ボウルの中で生地をこねたり切ったりすることもある ので、大きいボウルはあると便利。また、電子レンジにかけられる、耐熱ガラス製のボウルもあるといい。

バット

粉をまぶしたり、生地をやすませたりするときに使う。

ゴムベラ

材料を混ぜるときなどに使う。つなぎめのない、シリコン製が使いやすい。

泡立て器

材料を混ぜ合わせたり、泡立てたりするのに使う。ボウルの大きさに合ったものを使う。

ハンドミキサー

材料を混ぜ合わせたり、泡立てたりするのに使う、電動のミキサー。速度を3〜5段階にかえられるものがいい。

カード

こねた生地を集めたり、ボウルやゴムベラについた生地をとったり、生地を切り分けたりと、いろいろな使い方ができる。

めん棒

生地をのばすときに使う。

クッキングシート

粉をふるうときに下にしいたり、お菓子を焼くときに天板や型にしいたりと、いろいろな場面で使う。

透明シート（食品用OPPシート）

生地をめん棒でのばすときなどに使う。かわりにクッキングシートを使ってもよい。また、できたお菓子のラッピングにも使える。

※このほかに、オーブン、電子レンジ、鍋、包丁その他の一般的な調理道具を使っている。

オーブンマット

クッキーなどを焼くときに、生地を直接のせて焼くことができるマット。クッキーがきれいに焼け、洗ってくり返し使うことができる。この本では、型ぬきクッキーなどサクサクに仕上げたいお菓子には、表面があみ目状になっている「シルパン」を、やわらかめの生地やしっとり仕上げたいお菓子には、表面がたいらな「シルパット」を使っている。なければ、どちらもかわりにクッキングシートを使うとよい。

あみ

ケーキクーラーともいう。焼いたお菓子をさますときに使う。

軍手

オーブンから熱い天板をとり出したりするときなどに使う。

しぼり袋と口金

クッキーの生地や、デコレーションケーキのクリームをしぼったりするのに使う。使いすてのものが便利。

はけ

生地にたまごや牛乳をぬるときなどに使う。

パレットナイフ

スポンジ生地にクリームをぬったり、焼いたお菓子をうら返したりするときなどに使う。

温度計

チョコレートをとかすときなど、温度に注意する必要があるときにあると便利。

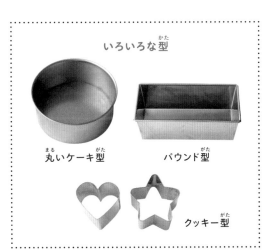

いろいろな型

丸いケーキ型　　パウンド型

クッキー型

この本で使われている、おもなお菓子材料

薄力粉

小麦粉の種類のひとつ。お菓子にいちばんよく使われる。小麦粉はこのほかに強力粉、準強力粉、中力粉がある。

アーモンドパウダー

アーモンドを粉にしたもの。

皮つきヘーゼルナッツパウダー

ヘーゼルナッツを皮ごと粉にしたもの。

グラニューとう

お菓子づくりによく使われる、さらさらしたさとう。

きびざとう

薄茶色のさとうで、グラニューとうよりコクがある。

粉ざとう

グラニューとうを粉状にしたもの。

はちみつ

好みのものを使うとよい。

ベーキングパウダー

お菓子をふくらませるために使う。

ココアパウダー

甘みのついていないものを使う。

たまご

分量が重さで書いてある場合は、といてからはかるので、どの大きさのたまごでもよい。

無塩バター

塩が入っていない、食塩不使用用バター。

生クリーム

植物性ではなく、乳脂肪のものを使う。乳脂肪分は、35％から47％ぐらいのものがよく使われる。

ビターチョコレート

ミルクが入っていない、お菓子づくり用のチョコレート。

ミルクチョコレート

ミルクが入っている、お菓子づくり用のチョコレート。

板チョコレート

板状のチョコレート。植物性油脂など、お菓子づくり用チョコレートには入っていないものがふくまれている。

チョコペン

この本では、冷えるとかたまる、速乾タイプを使っている。

バニラエッセンス

バニラの香りをつける香料。

食用色素

お菓子の生地やクリームなどに色をつけるために使う。液体や粉状のものがある。

お菓子づくりの基本

▷ **材料をはかる**

重さが書かれている材料は、はかりを使ってていねいにはかろう。
はかりは、デジタルタイプが使いやすい。はかった材料を
ほかのボウルなどにうつすときは、ゴムベラなどできちんととること。

1 はかりの上にうつわを
のせて、目盛りを0に
する。

2 そのままうつわの中に、
材料を入れてはかる。

たまごの重さのはかり方

お菓子の本では、たまごの量も「○g」
と重さで書いてあることが多い。たまご
はからから出して、
ボウルの中できち
んととといてから、
上と同じようにし
てはかる。

**計量カップ、
計量スプーンでのはかり方**

水などの液体は、分量が「○mℓ」で書かれ
ていることもある。その場合は、計量カッ
プや計量スプーンではかる。計量カップは
たいらなところにおいて液体を入れ、横か
らまっすぐ目盛りを読む。計量スプーンは、
大さじ1が15mℓ、小さじ1が5mℓ。ふち
からこぼれないように入れてはかる。

▷ **たまごの黄身と
白身を分ける**

たまごは黄身と白身に分けて使うことも多い。
からが入らないように、そして黄身をつぶさないように分ける。

1 たまごをかたいところにあててひびを入れて、ボウルの上でからをひらく。

2 からのふちを使って白身をボウルに落とし、黄身だけをからにのこして、
別のボウルに入れる。

▷ **粉をふるう**

粉ふるいで、小麦粉などの粉類をふるうのは、
粉のかたまりをなくすためや、空気を入れて、ふんわりさせるため。
何種類かの粉を合わせてふるうときは、よく混ぜるためでもある。

1 大きく切ったクッキングシートやボウルの上に、粉ふるいを用意する。
そこに粉を入れて、こまかくゆすって下に落とす。
※粉ふるいを持っていないほうの手を動かさないでおいて、そこに粉ふるいを軽くあてながら
ふるうといい。ふるいにのこった粒は、手でおしながらつぶして落とす。

2 ふるった粉は、使うまでそのままふんわりとおいておく。

▷ バターのこと

バターは、いろいろなかたさで使われている。
あるお菓子では、冷蔵庫から出したてのかたい状態のまま使ったり、
別のお菓子では、とろとろにとかしてから使ったり。
バターを必要な状態にする方法をおぼえておこう。

指でおせるやわらかさにする

バターを冷蔵庫から出して、指で簡単におせるくらいにやわらかくなるのをまって使う。量が多かったり、部屋の温度が低いときはやわらかくなるのに時間がかかるので、バターはいちばん先に冷蔵庫から出しておくといい。

手でおしてやわらかくする

まだ少しかたいバターを、ちょうどいいやわらかさにしたいときは、ラップの上から手でおして、手の温度で少しやわらかくする方法もある。

かたいまま使う

バターをかたいまま使うときは、使う直前まで冷蔵庫に入れておく。

とかして使う

バターをとかして使うときは、ボウルに入れて、50℃くらいのお湯につけるか、電子レンジに10秒ぐらいずつ何回かかけて、ようすを見ながらとかすといい。加熱しすぎると、電子レンジの中でとびちるので注意する。

▷「混ぜる」について

お菓子づくりには、「混ぜる」作業がとても多い。

そして、この「混ぜる」には、いろいろな「混ぜ方」がある。

混ぜ方で、お菓子の仕上がりがかわることもあるよ。

早く混ぜるのか、ゆっくり混ぜるのか。

力を入れて混ぜるのか、やさしく混ぜるのか…。

どんな混ぜ方があるか見てみよう。

A ゴムベラを短く持って、たいらな面をおしあてて、すりのばすようにして混ぜる。

B ゴムベラで、切るようにしたり、下からすくい上げたりして混ぜる。

C 手で、生地を少しずつくずしながらむこう側にのばすようにして混ぜる。

D 泡立て器で、ぐるぐると一気に混ぜる。

E ハンドミキサーで、空気をたっぷり入れながら混ぜる。「泡立てる」ともいう。

▷ ハンドミキサーのこと

ハンドミキサーは、とても便利な道具。泡立て器を使うと
時間がかかって大変な、生クリームやたまごの白身の泡立ても、
ハンドミキサーを使えば楽に早くできる。

ハンドミキサーの使い方

1 ハンドミキサーを持っていないほうの手で、ボウルのふちをおさえる。ぬらしてしぼったタオルをボウルの下にしいておくと、ボウルが動きにくい。

2 ハンドミキサーのはねを、ボウルの材料の中にまっすぐ入れてから、スイッチを入れる。最初は低速でスタートして、そのあと速度を上げる。

3 ハンドミキサーをボウルの内側にそわせるようにして、同じ方向にぐるぐるまわしながら、泡立てる。

4 スイッチをきってから、ボウルから出す。

▷ 生クリームの泡立て方

デコレーションケーキなどにぬるクリームは、
生クリームにグラニューとうなどを加えて泡立ててつくる。
ある程度ハンドミキサーで泡立てて、
そこから先のかたさの調整には、泡立て器を使うといい。
泡立てた生クリームのかたさは、
「六分立て」、「八分立て」などのいい方であらわす。

ボウルに生クリームとグラニューとうなどを入れて、氷水につける。ハンドミキサーの高速で、ぐるぐるとまわしながら泡立てる。

5分ぐらい泡立てたところ。まだとろっとして、下に落ちたクリームの形がのこらない。この泡立てぐあいを「六分立て」という。

ここから、必要なかたさになるまでもう少し泡立てる。泡立て器を使うと、かたさの調整がしやすい。泡立て器は左右にシャカシャカと早く動かす。

Chapter 1

クッキー

持ちはこびがしやすくて、小分けにもしやすいクッキーは、
プレゼントにぴったりのお菓子。いろいろなタイプのクッキーがあるよ。
できあがるまでにかかる時間もいろいろだから、
つくりはじめる前に、つくり方をよく確認しよう。
生地を冷蔵庫や冷凍庫でやすませながら
つくるクッキーは、その分の時間も考えてね。
生地だけ前の日につくっておいて、次の日に焼くこともできる。
急ぐときは、生地をやすませなくてもいいものを選ぶといい。

ショートブレッド

イギリスの伝統的なお菓子だよ。
バターの香りがポイントなので、おいしいバターを使ってね。
たまごが入らない生地は、こねすぎてかたくなる心配がないからつくりやすい。

ラッピング

クッキングシートでつつむ

材料
（15本から20本分ぐらい）

無塩バター … 125g
粉ざとう … 50g
塩 … 1g
薄力粉 … 250g
牛乳 … 15g

＊薄力粉は、きめのこまか
　いものがいい。

つくり方　　　　　　　　　　　　はじめにやっておくこと

材料をはかる。

バターは冷蔵庫から出
しておいて、指で簡単
におせるやわらかさに
しておく。

16

▷ 生地をつくる

のこった粒は、指でおしてつぶしてね。

やわらかくねっておくことが、とても大事！

ボウルにバターを入れ、泡立て器で混ぜながら、ハンドクリームぐらいになるまでよくねる。

1の上に粉ふるいを用意して、粉ざとうと塩を入れる。下のボウルにふるい入れる。

泡立て器でよく混ぜる。

粉ざとうが見えなくなったら、粉ふるいに薄力粉を入れて、ボウルにふるい入れる。

ゴムベラで、切るようにしたり、下からすくい上げたりして、しずかに混ぜる。

白い粉が見えなくなったら、牛乳を入れる。また5と同じようにして、しずかに混ぜる。

混ざってしっとりしたら、きれいな台にとり出す。

手の下の部分で、はじから少しずつすりつぶすようにして、むこう側にのばしながら混ぜる。

全部混ぜたら、カードで生地を集める。8の混ぜ方をもう1〜2回くり返し、なめらかにする。

▶ 次のページにつづく　17

10

なめらかになったら、生地をまとめる。

11

ころがして表面をなめらかにして、形をだいたい長方形にする。

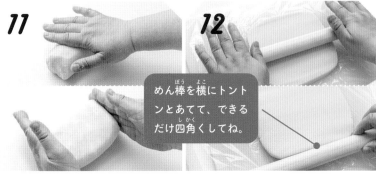

12

めん棒を横にトントンとあてて、できるだけ四角くしてね。

ラップをしいて*11*をのせる。めん棒で少しずつのばして、厚さ1.5cm、横幅13cmほどにする。

▷ **切って焼く** ｜☑オーブンは、130℃に予熱しておく。｜

13

冷蔵庫
2~3
時間

ラップでつつむ。冷蔵庫に2時間から3時間くらい入れておく。こうすると、切りやすくなる。

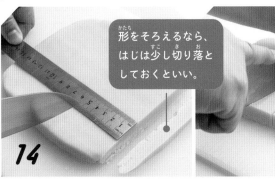

14

形をそろえるなら、はじは少し切り落としておくといい。

冷やした生地をまな板にのせる。短いほうに、1.5cmずつ、包丁の刃先でしるしをつける。

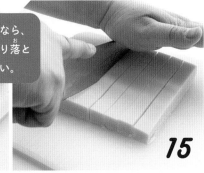

15

*14*のしるしに合わせて、1.5cm幅に切っていく。

16

長さを半分に切る。オーブンマットをしいた天板にならべる。

17

それぞれに3かしょずつ、竹串のとがっていないほうを半分の深さまでさして、穴をあける。

18

130℃のオーブンで、45分から50分焼く。焼けたら、天板ごとあみにのせて、さましておく。

型ぬきクッキー

16ページのショートブレッドと同じ生地でつくるよ。
この生地は型でぬきやすいから、
形がきれいなクッキーができる。スタンプもおしやすいよ。

ひもをはさんで
くるくる巻きこんで
キュッとしばる

ひものはじを
むすんで、
持ち手にする

ラッピング

材料
（30枚から40枚分ぐらい）

無塩バター … 125g
粉ざとう … 50g
塩 … 1g
薄力粉 … 250g
牛乳 … 15g

＊このほかに、生地を半立体
　クッキー型につめるときに、
　薄力粉を使う。

クッキー型

つくり方 はじめにやっておくこと

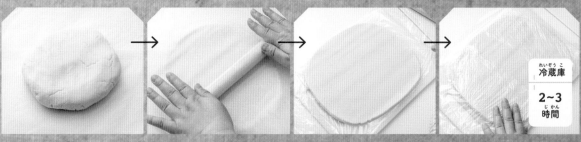

| 17ページの**1**から18ページの**11**と同じようにして、生地をつくる。 | ラップをしいたまな板にのせ、クッキングシートをのせてめん棒でのばす。 | 5mm厚さくらいになればいい。 | ラップでつつむ。冷蔵庫に2時間から3時間くらい入れておく。 |

冷蔵庫
2〜3
時間

▶ 次のページにつづく　　19

▷ 型でぬいて焼く │ ☑オーブンは、130℃に予熱しておく。

下までギュッと
おしてね。

1

冷やした生地を、クッキングシートをしいたまな板にのせる。ぬき型でぬく。

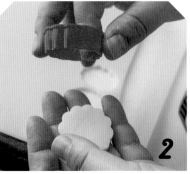

2

型の中の生地を、指でやさしくおしてとり出す。

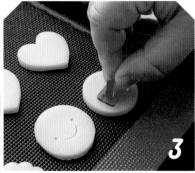

3

オーブンマットをしいた天板にならべる。クッキー用のスタンプをおしてもいい。

4

130℃のオーブンで、30分から40分焼く。

5

焼けたら、天板ごとあみにのせて、さましておく。

> **生地の切れはしを、半立体クッキーにする**
>
> のこった生地の切れはしは、半立体クッキー型につめて形をつくるといい。
> このタイプの型がなければ、生地をまとめて19ページのようにのばして冷蔵庫でかためてから、またぬき型でぬいてもいい。

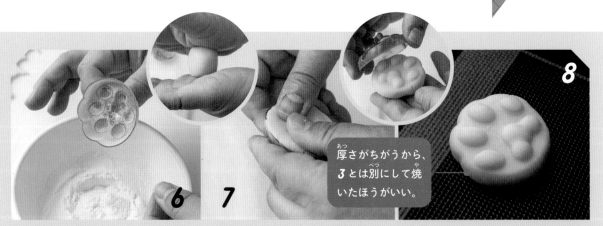

8

厚さがちがうから、**3**とは別にして焼いたほうがいい。

6

型に薄力粉を薄くつける。のこった生地の切れはしを集めて、1こ分ずつ丸める。

7

型に生地を入れて、おしつけながら全体にひろげる。型から出す。

3とは別の天板にならべる。130℃のオーブンで30分から40分焼く。さましておく。

ピンククッキー

色がかわいいクッキーだよ。
伝えたい言葉をスタンプしてプレゼントするのもいいね。

材料
（約20枚分）

無塩バター … 70g
粉ざとう … 50g
ショートニングまたは
　マーガリン … 13g
アーモンドパウダー
　… 45g
たまごの白身 … 7g
赤の食用色素 … 3g
★薄力粉 … 75g
★準強力粉または中力粉
　… 50g

＊準強力粉がなければ、★は
薄力粉100g、強力粉25g
でもよい。
＊食用色素は液体タイプを使
った。

つくり方　　　　　　　　　　　　　　　　はじめにやっておくこと

ゴムベラでおせ
るくらいのやわ
らかさにしてね。

材料をはかる。

かたいバターを、ラッ
にはさんで手でおして、
少しやわらかくしてお
く。

▶ 次のページにつづく　　21

▷ 生地をつくる

1 ボウルにバターを入れて、ゴムベラで軽くほぐす。

2 粉ざとうを入れる。粉ざとうをバターにすりつけるようにしながら混ぜる。

3 混ざったら、ショートニングを入れる。よく混ぜる。

4 アーモンドパウダーを入れる。よく混ぜる。

5 たまごの白身を入れる。よく混ぜる。

6 赤の食用色素を入れて、全体に混ぜる。

7 ★の粉を泡立て器で混ぜ合わせてから、**6**に入れる。カードで切るようにして混ぜる。

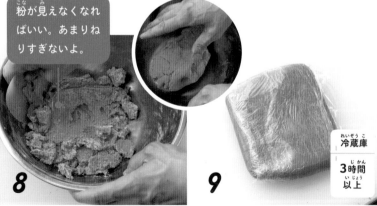

粉が見えなくなればいい。あまりねりすぎないよ。

8 粒がこまかくなったら、カードを軽くすりつけて混ぜる。混ざったら、手でまとめる。

9 ラップにつつんで手でおして、だいたい四角にする。冷蔵庫に3時間以上入れておく。

冷蔵庫 3時間以上

22

▷ 型でぬいて焼く │ ☑オーブンは、135℃に予熱しておく。│

10

> ときどき生地のむきをかえながらのばすといい。

ラップからとり出して、クッキングシートではさむ。めん棒で、3mm厚さくらいにのばす。

11

冷蔵庫
30分

このまま、冷蔵庫で30分ぐらい冷やしておく。

> のこった生地の切れはしは、まとめて冷凍しておける。使うときに冷蔵庫にうつして解凍する。

12

生地をまな板にのせてぬき型でぬく。型の中の生地を、指でやさしくおしてとり出す。

13

> 焼き色が濃くつかないように、ようすを見ながら焼いてね。

12を、オーブンマットをしいた天板にならべる。クッキー用のメッセージスタンプをおす。

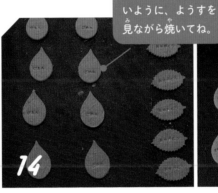

14

135℃のオーブンで、18分から20分焼く。

15

焼けたら、天板ごとあみにのせて、さましておく。

ラッピング

ペンのキャップでスタンプ

厚紙にクッキングシートを重ねた台紙

チョコチップクッキー

1枚でも大満足のクッキーだよ！
ナッツとチョコは大きめにきざんでおくと、食感がいい。

材料
（9枚から12枚分ぐらい）

無塩バター … 45g
★グラニューとう … 45g
★きびざとう … 45g
★塩 … ひとつまみ
たまご … 20g
バニラエッセンス … 2滴
◆薄力粉 … 100g
◆ベーキングパウダー … 1g
マカダミアナッツ … 50g
板ミルクチョコレート
　…50gから75g

＊チョコレートは、板ブラックチョコレートを使ってもいい。

＊きびざとうのかわりに、ブラウンシュガーを使ってもいい。

ラッピング

細く2回おりたたんでから、
両側を三角におる

透明袋に入れてから紙袋に

つくり方　　　　　　　　　　　　　　　　　　はじめにやっておくこと

材料をはかる。

バターは冷蔵庫から出しておき、指で簡単におせるやわらかさにしておく。

マカダミアナッツは、150℃のオーブンで10分焼く。あらくきざむ。

チョコレートも大きめにきざんでおく。

▷ 生地をつくる

1
ボウルにバターを入れ、泡立て器で混ぜながら、ハンドクリームぐらいになるまでよくねる。

2
1に★を入れる。泡立て器でよく混ぜる。

3
さとうが見えなくなったら、たまごを半分ぐらい加える。泡立て器で混ぜる。

4
たまごが見えなくなったら、のこりのたまごとバニラエッセンスを入れる。泡立て器で混ぜる。

5
混ざったら、粉ふるいに◆を入れてふるい入れる。ゴムベラで、すりつぶすようにして混ぜる。

6
白い粉が見えなくなったら、マカダミアナッツとチョコレートを入れて、全体に混ぜる。

▷ 形づくって焼く ｜ ☑ オーブンは、170〜180℃に予熱しておく。 ｜

7
混ざったら、生地のできあがり。

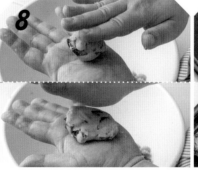

8
30gから40gぐらいずつに分ける。丸めてから、手のひらでおして少しつぶす。

9
オーブンマットをしいた天板にならべる。170〜180℃のオーブンで、15分から20分焼く。

> 焼けたら天板ごとさましておいてね。

Chapter 1 クッキー

25

オートミールクッキー

ザクザクした食感と、オートミールの風味が楽しめるシンプルなクッキー。
とても簡単だから、つくってみてね。好きなドライフルーツやナッツを入れてもいいよ。
※手前は、ナッツ、ドライクランベリー、チョコチップを入れたアレンジ。

材料
（直径約6cmのクッキー15枚分）

オートミール … 50g
薄力粉 … 25g
きびざとう … 15g
無塩バター … 40g
メープルシロップ … 30g

＊オートミール
は、オーツ麦
を調理しやす
く加工した食
品。

オートミール

つくり方　　　　　　　　　はじめにやっておくこと

材料をはかる。

薄力粉は、粉ふるいでふ
るっておく。

バターをボウルに入れ、
50℃ぐらいのお湯につ
けてとかす。

▷ 生地をつくる

1 別のボウルにオートミールと薄力粉を入れて、泡立て器で混ぜ合わせる。

2 とかしたバターが入ったボウルに、きびざとうを入れて、泡立て器でよく混ぜる。

3 **2**にメープルシロップを入れて、とろっとしてくるまでよく混ぜる。

ナッツやドライフルーツ、チョコチップなどを加えるときは、できた生地に合わせてね。

▷ 形づくって焼く ｜ ☑ オーブンは、180℃に予熱しておく。｜

手早く丸めるのがコツ！

できるだけ厚さをそろえてね。

4 **1**に**3**を入れて、ゴムベラで混ぜる。全体が同じ状態になれば、生地のできあがり。

5 **4**をスプーンで10gぐらいずつすくって、天板に、あいだをあけながらおいていく。

6 **1**こずつ手のひらで軽く丸めて、天板にもどす。手のひらの下の部分で軽くおしてつぶす。

Chapter 1 クッキー

ラッピング

7 180℃のオーブンで10分焼く。天板の手前と奥を入れかえて、色づくまで3〜5分焼く。

8 焼けたら、天板ごとさましておく。

おり紙
ふうとう

しぼり出しクッキー

同じ星口金を使って、3種類の形のクッキーをつくるよ。
大事なのは、生地に空気を入れて、ふわっとさせておくこと。
しぼりやすくなって、食感も軽くなるよ。

リング

流れ星

星

ラッピング

小さい透明袋に入れてから、
ピローケースに

材料
（つくりやすい量）

薄力粉 … 120g
塩 … ひとつまみ
無塩バター … 100g
粉ざとう … 45g
たまごの白身 … 30g

かざりの材料

赤と緑のドレンチェリー、
くるみ、ピスタチオ
… リングをかざれる量

* たまごの白身は、よくときほぐして
はかる。
* このほかに、天板にしるしをつける
のに、強力粉または薄力粉を使う。
* かざりの材料は、小さく切っておく。
* 口金は星口金8-6を使った。リング
クッキーには丸口金を使ってもよい。
* 天板にしるしをつけるのに、直径
5cmの丸型を使った。

つくり方

切りすぎない
でね。

はじめにやっておくこと

生地の材料をはかる。バ
ターは、ゴムベラでやっ
とおせるかたさがいい。

薄力粉と粉ざとうは、
別々に粉ふるいでふるっ
ておく。

口金の先が⅓ぐらい出る
ように、しぼり袋の先を
切る。口金をつける。

たまごの白身に、塩を加
えておく。ボウルに氷水
を用意しておく。

28

▷ 生地をつくる

ボウルの内側をなぞるようにしながら、早くまわしてね。

はじめは、バターが少しかたいかなと思うくらいでいいよ。

1 ボウルにバターを入れて、ゴムベラですりつぶすようにしてほぐす。

2 粉ざとうを入れる。ゴムベラで、すりつぶすようにして混ぜる。

3 粉ざとうがあまり見えなくなったら、高速のハンドミキサーをまわして3分ほど泡立てる。

ツノがピンと立つようになるよ。

だんだんなめらかにふんわりしてくる。

4 空気が入り、白っぽくなってくる。とちゅうで泡立ちにくくなったら、ボウルを氷水につける。

5 たまごの白身を$\frac{1}{3}$入れて、高速で1分30秒ぐらい泡立てる。最初はツルツルすべってもよい。

6 のこりの白身の半分を入れ、**5**と同じくらい泡立てる。白身を全部入れ、30秒ほど泡立てる。

このときにボウルを手前側にまわす。

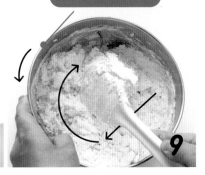

7 ミキサーについた生地はとって、中の生地に合わせる。薄力粉を入れる。

8 ゴムベラを入れて、切るように、3回スッスッスッとまっすぐ動かす。

9 3回めのゴムベラをスッと動かしたあとに、ゴムベラをうら返すようにして、生地を落とす。

▶ 次のページにつづく　29

10

8、9をくり返して全体を混ぜる。生地がゴムベラについて混ぜにくくなってきたら、おわり。

混ぜすぎるとせっかく入れた空気がつぶれちゃうから、混ぜすぎないでね。

11

今度は、ゴムベラのたいらな面を使い、少しずつ生地を切りくずしながら、手前に集める。

12

生地が全部手前に集まったら、ボウルをまわして生地を反対側にして、また11のようにする。

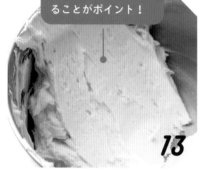

混ぜおわったときに、空気の粒がのこっていることがポイント！

13

全体が同じ状態になめらかになるまで、12の混ぜ方を何度かくり返す。

▷ **しぼり袋に生地を入れる** ｜ ☑オーブンは、170℃に予熱しておく。｜

14

口金がかくれるくらいに長くおり返してね。

しぼり袋の上の部分を、外側にしっかりおり返す。コの字形にした片手にはめる。

15

13をゴムベラで14に入れる。ゴムベラについた生地は、しぼり袋をささえる指を使って落とす。

16

しぼり袋のおり返しをもどして、生地の上の部分を親指と人差し指のあいだにはさんで持つ。

17

反対側の手でしぼり袋の上をひっぱりながら、中の生地を下に動かす。

18

口金の上まで生地をおろしたら、生地の部分が、しぼりやすい大きさになるところでねじる。

こうすると、小さい手でもしぼりやすい。

▷ リングのクッキーをつくる

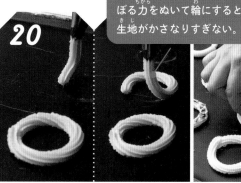

最後は、つなげる手前でしぼる力をぬいて輪にすると、生地がかさなりすぎない。

つくりたいリングの大きさの、丸い型などに強力粉をつけて、天板に丸いしるしをつける。

19の上で18の生地をたらすようにしぼり、それをしるしの上におくようにしてリングにする。

20のリングに、かざりの材料をバランスよくのせて、リースのようにする。

焼けたものはパレットナイフでとり出す。焼けていないものはもう少し焼くよ。

▷ 星と流れ星のクッキーをつくる

しぼり袋の高さをかえないようにしてしぼるよ。

170℃のオーブンで10〜15分焼く。焼けたものから1枚ずつあみにのせ、さましておく。

18を天板の5mmぐらい上にかまえ、口金のところまで生地をしぼる。力をぬき口金をはなす。

23の天板に、23と同じしぼり方で、大、中、小の大きさでならべてしぼる。

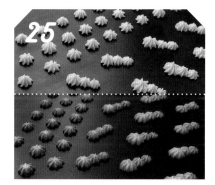

170℃のオーブンで、10〜15分焼く。焼けたら天板ごとさましておく。

しぼり方のコツ

- しぼり袋は、まっすぐ下にむけてかまえる。
- 手のひら全体でしぼり袋をにぎるようにして、中身をおし出す。
- 生地を切るときは、しぼる力をぬいて、しぼり袋をスッと上げる。
- しぼり袋の下の生地が少なくなってきたら、上の生地を下におろして、またちょうどいい大きさでねじる。
- 上の生地が少なくなってきたら、カードの丸いほうを使って、生地を下におろす。

ブール・ド・ネージュ

ブール・ド・ネージュは、フランス語で「雪玉」という意味。
アーモンドパウダーが入っているから、ホロッとした食感とコクがあるの。
ここでは白とピンクの2色に仕上げたよ。

材料
（40こから50こ分ぐらい）

- ★薄力粉 … 100g
- ★粉ざとう … 20g
- ★塩 … ひとつまみ
- アーモンドパウダー … 35g
- 無塩バター … 80g
- ◆粉ざとう … 150g
- ♥粉ざとう … 125g
- ♥フリーズドライ
  ラズベリーパウダー
  … 10gから15gぐらい

＊まぶす粉ざとうは、これくらいの
　量がまぶしやすい。あまったら、
　紅茶などに使うといい。

レースペーパーと
シール

ラッピング

つくり方 　　　　　　　　　　　　　　　　はじめにやっておくこと

材料をはかる。バター
は使う直前まで冷蔵庫
に入れておく。

◆と♥のまぶす材料は、
焼いたクッキーをさま
しているあいだにはか
ってもいい。

▷ 生地をつくる

☑ *1*から*7*の作業は、フードプロセッサーを使うと簡単にできる。
★とアーモンドパウダー、冷たいバターを入れて、ひとまとまりになるまでまわせばいい。

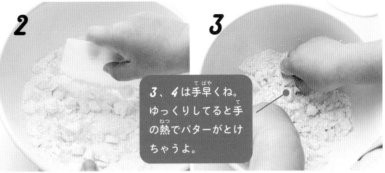

3、*4*は手早くね。ゆっくりしてると手の熱でバターがとけちゃうよ。

1 粉ふるいに★を入れて、ボウルにふるい入れる。ボウルにアーモンドパウダーを加えて混ぜる。

2 冷たいバターを*1*に入れ、まわりに粉をまぶしつけるようにしながらカードで切っていく。

3 バターが少しこまかくなったら、指でバターをつまみながらつぶしていく。

ボウルにギュッとおしつけるようにしながらまとめるよ。

4 だいたいつぶれたら、手のひらにはさんでこすりつけるようにしながら合わせる。

5 バターが左上の写真ぐらいになったら、ひとまとめにして、きれいな台にとり出す。

6 手の下の部分で、はじから少しずつすりつぶすようにして、むこう側にのばしながら混ぜる。

冷蔵庫
30分

7 全部混ぜたら、カードで生地を集めて、また*6*と同じようにして混ぜる。

8 生地がなめらかになったら、まとめてラップにのせる。手でおして1.5cm厚さくらいにする。

9 ラップでつつんで、だいたい四角にする。冷蔵庫に30分ぐらい入れておく。

▶ 次のページにつづく　33

Chapter 1 クッキー

▷ 形づくって焼く | ☑オーブンは、170℃に予熱しておく。

10

冷やした生地をまな板にのせて、カードでたてと横に切って、5gぐらいずつに分ける。

11

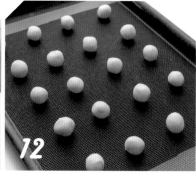

手のひらではさんで丸める。

12

オーブンマットをしいた天板にならべる。170℃のオーブンで10分から15分焼く。

▷ 粉ざとうをまぶす | ☑半分を白に、のこりをピンクに仕上げる。

13

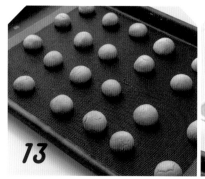

焼けたら、天板ごとあみにのせて、さましておく。

14

◆の粉ざとうを粉ふるいに入れてふるいながら、バットにひろげて入れる。

15

手のひらではさんでころがして、しっかりつけてね。

さめた**13**の半分を**14**に入れて、粉ざとうをしっかりまぶす。別のバットに入れる。

16

♥をボウルに入れて、よく混ぜる。粉ふるいでふるいながら、別のバットにひろげて入れる。

17

のこりの**13**を**16**に入れて、ピンクの粉ざとうをしっかりまぶしつける。

18

手のひらではさんでころがして、しっかりつける。別のバットに入れる。

バーチ・ディ・ダーマ

名前は、イタリア語で「貴婦人のキス」という意味。
ナッツ風味のクッキーと、まん中のチョコレートの組み合わせがおいしい!

材料
（30こ分）

クッキーの材料
無塩バター … 50g
グラニューとう … 36g
オリーブオイル … 5g
たまごの白身 … 8g
皮つきヘーゼルナッツパウダー
　　… 30g
甘くないココアパウダー … 1g
★薄力粉 … 50g
★ベーキングパウダー
　　… 0.25g

はさむチョコレートの材料
ビターチョコレート … 100g
無塩バター … 50g

＊このほかに、天板にぬる植物油を少
し使う。

つくり方

ゴムベラでおせる
くらいのやわらか
さにしてね。

はじめにやっておくこと

クッキーの材料をはかる。

かたいバターを、ラップ
にはさんで手でおして、
少しやわらかくしておく。

★の薄力粉とベーキング
パウダーを、よく混ぜ合
わせておく。

▶ 次のページにつづく

▷ 生地をつくる

1 ボウルにバターを入れて、ゴムベラで軽くほぐす。

2 グラニューとうを入れる。グラニューとうをバターにすりつけるようにしながら混ぜる。

3 混ざったら、オリーブオイルを入れる。よく混ぜる。

4 たまごの白身を入れる。よく混ぜる。

5 ココアパウダーとヘーゼルナッツパウダーを入れる。よく混ぜる。

> ボウルのまわりについた生地は、きれいにとって、中の生地に合わせておくよ。

6 合わせておいた★の薄力粉とベーキングパウダーを入れる。

7 カードで切るようにして混ぜる。

8 粒がこまかくなったら、カードを軽くすりつけて混ぜる。混ざったら、まとめる。

9 ラップにつつんで手でおして、だいたい四角にする。冷蔵庫に30分ぐらい入れておく。

冷蔵庫 30分

▷ 形づくって焼く ☑️ オーブンは、150℃に予熱しておく。

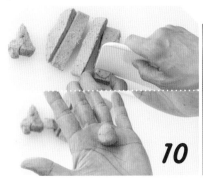

10

11

冷蔵庫
10分

12

焼きあがると、丸がつぶれた形になるよ。

9 の生地を、カードで6gぐらいずつに切り分ける。手のひらではさんでころがして丸める。

天板に、ペーパータオルで植物油を少しぬる。**10**をならべる。冷蔵庫に10分入れておく。

150℃のオーブンで、18分ぐらい焼く。焼けたら、天板ごとあみにのせてさましておく。

▷ チョコレートをはさむ

13

14

チョコレートは完全にとかさなくてもいい。温度は32℃をこえないようにね。

15

はさむチョコレートの材料を用意する。バターは指で簡単におせるやわらかさにしておく。

チョコレートを耐熱ボウルに入れて、電子レンジに20秒かける。軽く混ぜる。

また電子レンジに15秒かけて軽く混ぜる。もう一度15秒かけて軽く混ぜる。

16

17

ラッピング

輪ゴムでとめてから、リボンをかたむすび

15にバターを入れる。チョコのかたまりとバターが見えなくなるまで、ゴムベラでよく混ぜる。

12のクッキー1枚に**16**をのせ、もう1枚ではさむ。全部同じようにして、かたまるまでおく。

ローズマリーのチーズクッキー

甘いものが苦手な人にも喜んでもらえる、チーズ味のクッキーだよ。
ほんのりときかせた、ローズマリーがさわやか！

ローズマリー

材料
（約2cm×4cmのクッキー30こ分）

無塩バター … 60g

★パルメザンチーズ … 25g

★グラニューとう … 5g

たまご … 30g

◆薄力粉 … 100g

◆ベーキングパウダー … 1g

◆塩 … ひとつまみ

生のローズマリー … 1g

焼く前にぬるたまご
　… 全体にぬれる量

＊ローズマリーはハーブの仲間。肉料理などによく使われる。ここでは生を使ったが、乾燥でもよい。

＊たまごはよくといておく。

つくり方　　　　　　　　はじめにやっておくこと

材料をはかる。バターは、指で簡単におせるやわらかさにしておく。

◆は合わせて粉ふるいでふるっておく。

ローズマリーは、軸をはずして、葉をこまかくきざむ。

▷ 生地をつくる

1 ボウルにバターを入れて、ゴムベラですりつぶすようにしてほぐす。

2 ハンドクリームぐらいになったら★を入れる。ゴムベラで、すりつぶすようにして混ぜる。

3 混ざったら、たまごを$\frac{1}{3}$入れる。ゴムベラで、丸く円をかくようにしながら混ぜる。

> 混ぜにくかったら、ゴムベラを泡立て器にかえてもいいよ。

4 混ざったら、のこりのたまごの半分を入れて、また同じように混ぜる。

5 混ざったら、のこりのたまごを全部入れて、また同じように混ぜる。

6 泡立て器についた生地を落として、中の生地に合わせる。ふるっておいた◆を入れる。

> このときにボウルを手前側にまわす。

7 ゴムベラを入れて、切るように、3回スッスッスッとまっすぐ動かす。

8 3回めのゴムベラをスッと動かしたあとに、ゴムベラをうら返すようにして、生地を落とす。

9 **7**、**8**をくり返して全体を混ぜる。生地がゴムベラについて混ぜにくくなってきたら、おわり。

▶ 次のページにつづく

一晩冷蔵庫に入れておいてもだいじょうぶだから、前の日に生地をつくっておいてもいいよ。

冷蔵庫

2時間

▷ 形づくって焼く

10 ローズマリーを入れて、生地全体にちらばるように混ぜる。

11 ラップにとり出してつつみ、厚みが同じになるようにする。冷蔵庫に2時間ほど入れておく。

12 冷やした生地をラップからとり出し、まな板の上で5gずつに切り分ける。

☑ オーブンは、170℃に予熱しておく。

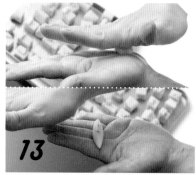

13 **12**を丸めてから、手のひらに浅いくぼみをつくってころがし、ふくらんだ葉っぱの形にする。

14 天板にならべていく。ならべおわったら、といたたまごをはけでぬる。

15 まん中にフォークをあてておさえるようにして、もようをつける。

焼けていないものは、もう少し焼いてね。

ラッピング

透明袋に入れて、テトラパックに

FOR YOU

＊やり方は133ページ

16 170℃のオーブンで10分焼く。天板の手前と奥を入れかえて、もう5分ぐらい焼く。

17 焼けたものからパレットナイフでとり出して、あみにのせ、さましておく。

40

かぼちゃクッキー

かぼちゃを使った、少しやわらかめのクッキーだよ。
形もかわいいから、プレゼントにもぴったりだ。ハロウィンにもおすすめ。

材料
（約30こ分）

無塩バター … 80g

◆グラニューとう … 60g

◆シナモンパウダー … 0.5g

種をとった皮つきのかぼちゃ
　　… 150g

たまごの黄身 … 25g

塩 … 1g

★準強力粉または中力粉 … 135g

★ベーキングパウダー … 0.3g

甘くないココアパウダー … 3g

焼く前にぬるたまご … 1こ

＊準強力粉がなければ、薄力粉と強力粉
　を半分ずつ合わせて使ってもよい。

＊たまごの黄身は、できるだけ色の濃い
　ものがよい。

＊このほかに、天板にぬる植物油を少し
　使う。

つくり方　　　　　　　　　　はじめにやっておくこと

材料をはかる。

かぼちゃを耐熱ボウルに
入れて、水を少しかけ、
ラップをする。

電子レンジに5分かけて、
皮までやわらかくする。
包丁で切りながらつぶす。

ようすを見ながら、
3分ぐらいずつレ
ンジにかけてね。

ボウルに入れ、そのまま
電子レンジにかけて水分
をとばし、75gにする。

▶ 次のページにつづく

▷ 生地をつくる

ゴムベラでおせる
くらいのやわらか
さにしてね。

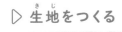

1 冷蔵庫から出したかたいバターを、ラップにはさんで手でおして、少しやわらかくする。

2 1をボウルに入れてゴムベラで軽くほぐす。◆を加え、バターにすりつけるようにして混ぜる。

3 混ざったら、さめたかぼちゃを入れる。ゴムベラでよく混ぜる。

4 混ざったら、たまごの黄身と塩を入れる。よく混ぜる。

5 ★を泡立て器でよく混ぜ合わせてから、4に加える。

6 カードで切るようにして混ぜる。粒が小さくなったら、カードをすりつけるようにして混ぜる。

▷ 形づくって焼く ┃ ☑オーブンは、145℃に予熱しておく。┃

あとで
使うよ。

冷蔵庫
30分

7 全体が同じような状態になったら、手でねる。白い粉が見えなくなったら、まとめる。

8 10gずつにちぎって、丸める。30gは丸めないでのこしておく。

9 8の丸めた生地はバットにならべて、冷蔵庫に30分入れておく。

10
8 でのこしておいた30ｇの生地に、ココアパウダー3ｇを加えて、手でねって混ぜる。

11
ペーパータオルに植物油を少しつけて、天板にぬりつける。

12 冷蔵庫 10分
9 を指で軽くはさんで少しつぶし、11 の天板にならべる。冷蔵庫に10分入れておく。

切りこみは、少し深めに入れるといい。

13
たまごをボウルに入れて、よくとく。12 に竹串を2本さして持ち上げ、たまごをはけでぬる。

14
包丁で、たてに切りこみを6本から8本ぐらいずつ入れる。天板にもどす。

15
10 を小さくちぎって、両はじが細くなるようにのばす。半分に切る。

16 冷蔵庫 10分
15 を14 のまん中にのせる。全部のせおわったら、冷蔵庫に10分ぐらい入れておく。

17
145℃のオーブンで、18分焼く。焼けたら、天板ごとあみにのせて、さましておく。

ラッピング

マチつき透明袋

クロッカン

クロッカンは、フランス語で「カリカリした」という意味。
アーモンドの食感が大切。しっかり焼くと、おいしいよ。

材料
（約直径3.5cmのクッキー35枚分）

アーモンド … 35g
粉ざとう … 60g
たまごの白身 … 25g
薄力粉 … 25g

つくり方　　　　　　　　　　　　　　はじめにやっておくこと

材料をはかる。たまごの
白身は、よくといておく。

アーモンドを、あらくき
ざむ。

粉ざとうは、粉ふるいで
ふるう。粒はふるいの中
でつぶしてふるう。

▷ 生地をつくる

1 ボウルにきざんだアーモンドを入れる。粉ざとうを加えて、ゴムベラで混ぜる。

2 たまごの白身を入れる。

3 全体に混ぜる。

▷ 形づくって焼く ☑オーブンは、170℃に予熱しておく。

4 薄力粉を入れる。全体になじむまで、混ぜる。

5 小さじ1ぱい分ぐらいずつすくい、オーブンマットをしいた天板に、あいだをあけてのせる。

できるだけ大きさをそろえてね。最後に指で形をととのえてもいいよ。

6 170℃のオーブンで、10分焼く。

7 天板の手前と奥を入れかえて、もう3分から5分、しっかり色がつくまで焼く。

焼けたら、天板ごとさましておくよ。

ラッピング

サインペンでしまもようをかいた帯

アイシングクッキー

粉ざとうに、たまごの白身を加えてつくるクリームで、
バニラ風味のクッキーをデコレーション。
※いちばん左は、クッキーの片面を直接クリームにひたす方法でクリームをつけたもの。

材料
（8枚分）

クッキーの材料
- 無塩バター … 55g
- 粉ざとう … 55g
- ★薄力粉 … 115g
- ★うき粉 … 35g
- ★ベーキングパウダー
  … 0.5g
- アーモンドパウダー … 25g
- ◆たまご … 20g
- ◆レモン汁 … 7g
- バニラエッセンス…1滴

アイシングクリームの材料
- 粉ざとう … 150g
- たまごの白身 … 30g
- レモン汁 … 5g

かざりの材料
- ピスタチオ、セミドライ
  クランベリー、セミドライ
  ブルーベリー … クッキー
  1枚に、1こから3こずつ

＊型は、たて12cmのツリー形の
ぬき型を使った。

消しゴムはんこ

ラッピング

厚紙に
クッキングシートを
重ねた台紙

つくり方

クッキーの材料をはかる。

はじめにやっておくこと

ゴムベラでおせるくらいのやわらかさにしてね。

かたいバターをラップにはさんで手でおして、少しやわらかくする。

▷ 生地をつくる

1

ボウルにバターを入れて、ゴムベラで軽くほぐす。

2

粉ざとうを入れる。粉ざとうをバターにすりつけるようにしながら混ぜる。

3

> バターが小さくなって、全体にちらばればいい。

別のボウルに★を入れて軽く混ぜる。2を入れて、カードで切るようにしながら混ぜる。

4

混ざったら、アーモンドパウダーを入れる。手ではさんですり合わせるようにしながら混ぜる。

5

> あまりねらないでね。フォークのうら側を、おしつけるようにして混ぜるといい。

全体がポロポロになったら、まん中を少しくぼませて◆を入れ、フォークで全体に混ぜていく。

6

バニラエッセンスを加えて全体に混ぜる。混ざったら、手でおしながら生地をまとめる。

7

台にとり出し、何度かおりたたみながら少しもむ。

8

ラップでつつみ、手でおして四角くする。ラップからとり出して、クッキングシートではさむ。

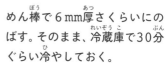

9

冷蔵庫
30分

めん棒で6mm厚さくらいにのばす。そのまま、冷蔵庫で30分ぐらい冷やしておく。

Chapter 1 クッキー

▶ 次のページにつづく

▷ 型でぬいて焼く

☑ オーブンは、135℃に予熱しておく。

10

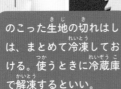

のこった生地の切れはしは、まとめて冷凍しておける。使うときに冷蔵庫で解凍するといい。

9の生地をまな板にのせてぬき型でぬく。型の中の生地を、指でやさしくおしてとり出す。

11

オーブンマットをしいた天板にならべる。135℃のオーブンで、25分焼く。

12

焼けたら、天板ごとあみにのせて、さましておく。

▷ アイシングクリームをしぼるコルネをつくる ☑ 売っているアイシング用コルネ袋を使ってもよい。

14

15

13

クッキングシートを長方形に切り、角を少しずらして半分におる。カッターできれいに切る。

2枚に切り分けたところ。

カッターで切った部分のまん中を指でおさえて巻いていく。キュッとしめて先をとがらせる。

▷ アイシングクリームをつくり、クッキーをかざる

16

17

粉ざとうは、混ぜやすい大きさのボウルに入れておいてね。

18

手前側を少し、中におりこむ。上のよぶんな部分は切り落とす。コルネのできあがり。

クリームとかざりの材料を用意する。ピスタチオとクランベリーは3等分ほどに切る。

たまごの白身30gとレモン汁5gを合わせて、粉ざとう150gに加える。

19
泡立て器かハンドミキサーで、少しずつなじませるように混ぜる。なじんだらしっかり混ぜる。

クリームのかたさが大事だよ！たらしたクリームが、ゆっくり消えていくくらいがいい。

20
19を16のコルネに大さじ2ぐらい入れる。

21
上をたいらにして両側の角を、コルネのとじめと反対側に三角におりたたむ。

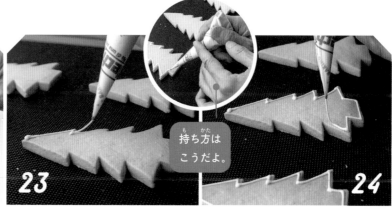

持ち方はこうだよ。

22
上を2回おりたたむ。先を2mm切っておく。クリームが入ったボウルにはラップをかけておく。

23
指でコルネの上のほうをはさんで軽くおしながら、12のクッキーのふちにたらしていく。

24
ひもをのばすようにたらし、方向をかえるところで着地させ、またたらす。これをくり返す。

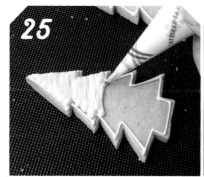

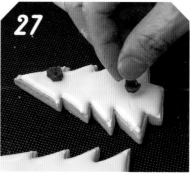

25
ふちにたらしおわったら、コルネを横に行った来たりさせながら、中にクリームをしぼる。

26
クッキーを持って軽くゆらして、中のクリームをできるだけたいらにする。

27
クリームがかわかないうちに、かざりをのせる。そのままおいて、クリームを完全にかわかす。

ステンドグラスクッキー

チョコレート味のクッキーに、あめの窓をつけた、おもしろいクッキー。売っているあめを使うと簡単だよ。

ラッピング

材料
（ 約9枚分 ）

無塩バター … 75g
グラニューとう … 54g
塩 … 1g
★たまご … 40g
ビターチョコレート … 50g
皮つきヘーゼルナッツパウダー
　　　… 25g
準強力粉または中力粉
　　　…110g
焼く前にぬるたまご … 1こ
3色のあめ … 3〜4こぐらいずつ

＊準強力粉がなければ、薄力粉と強力粉を55gずつ合わせてもよい。
＊あめは、フルーツ味などの、材料がシンプルなものがいい。のどあめや炭酸入りのあめは使えない。
＊このほかに、ぬき型につける薄力粉を少し使う。

つくり方

はじめにやっておくこと

クッキーの材料をはかる。

ゴムベラでおせるくらいのやわらかさにしてね。

かたいバターを、ラップにはさんで手でおして、少しやわらかくしておく。

一度でとかすとこげるから、こうやって少しずつとかすよ。

チョコレートは耐熱の器に入れて電子レンジに25秒かけ、軽く混ぜる。

またレンジに15秒かけて軽く混ぜる。また15秒かけて混ぜてとかす。

▷ 生地をつくる

1 ボウルにバターを入れて、ゴムベラで軽くほぐす。

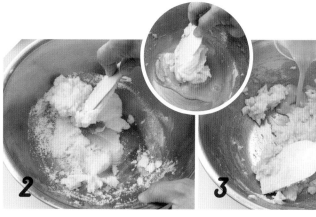

2 グラニューとうと塩を入れる。グラニューとうをバターにすりつけるようにしながら混ぜる。

3 混ざったら、★のたまごの半分を入れて混ぜる。混ざったら、のこりのたまごを入れて混ぜる。

チョコレートは、ほんのり温かいくらいのものを入れるよ。

4 混ざったら、ヘーゼルナッツパウダーを入れる。クリーム状になるまで、よく混ぜる。

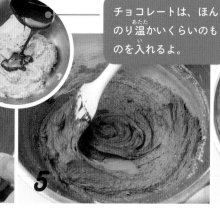

5 とかしたチョコレートを入れて、よく混ぜる。

6 ボウルのまわりやゴムベラについた生地はとって、中の生地に合わせる。準強力粉を加える。

7 カードで切るようにして混ぜる。粉が全体にひろがったら、カードを軽くすりつけて混ぜる。

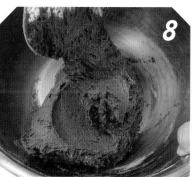

8 粉が全体に混ざって、見えなくなればいい。あまりねりすぎない。

9 ラップにつつんで手でおして、だいたい四角にする。冷蔵庫に3時間ぐらい入れておく。

冷蔵庫
3時間

Chapter 1 クッキー

▶ 次のページにつづく　　51

▷ 型でぬいて焼く │ ☑オーブンは、150℃に予熱しておく。│

ときどき生地のむきをかえながらのばすといい。

のこった生地の切れはしは、まとめて冷凍しておける。使うときに冷蔵庫にうつして解凍する。

冷蔵庫
30分

10 ラップからとり出して、クッキングシートではさむ。めん棒で5mm厚さくらいにのばす。

11 そのまま、冷蔵庫で30分ぐらい冷やしておく。

12 生地をまな板にのせてぬき型でぬく。型の中の生地を、指でやさしくおしてとり出す。

あめが入る部分だよ。あまり大きくしないほうが食べやすい。

▷ あめを入れて焼く

13 **12**を、オーブンマットをしいた天板にならべる。小さいぬき型に薄力粉をつけて、中をぬく。

14 たまご1こをボウルに入れて、よくとく。**13**にはけでぬる。150℃のオーブンで20分焼く。

15 あめを袋のまままな板にのせて、じょうぶな鍋などでたたいてくだく。色ごとに分ける。

16 **14**をオーブンからとり出す。オーブンマットをクッキングシートにかえて天板にならべなおす。

17 **16**のまん中の穴に、**15**のあめを1色ずつ入れていく。

18 160℃のオーブンで5分焼いて、あめをとかす。天板ごとあみにのせ、さましておく。

バニラのディアマンクッキー

ディアマンは、フランス語でダイアモンドのこと。
まわりについたグラニューとうが、
キラキラしているところからの名前だよ。
バターの風味が生きるクッキーだから、おいしいバターを使ってね。

クッキングシート

紙箱

ラッピング

材料
（20枚分）

★薄力粉 … 185g
★粉ざとう … 75g
★塩 … 1g
無塩バター … 150g
バニラエッセンス … 5滴
グラニューとう
　… 全体にまぶしやすい量

＊このほかに、生地をのばすとき
　に薄力粉を使う。
＊バニラエッセンスは入れなくて
　もよい。

つくり方　　　はじめにやっておくこと

材料をはかる。バター
は使う直前まで冷蔵庫
に入れておく。

▶ 次のページにつづく

▷ 生地をつくる

1

粉ふるいに★の薄力粉、粉ざとう、塩を入れて、ボウルにふるい入れる。

2

冷たいバターを*1*に入れ、まわりに粉をまぶしつけるようにしながらカードで切っていく。

3

バターが少しこまかくなったら、指でバターをつまみながらつぶしていく。

*3、4*は手早くね。ゆっくりしてると手の熱でバターがとけちゃうよ。

4

だいたいつぶれたら、手のひらにはさんでこすりつけるようにしながら合わせる。

ボウルにギュッとおしつけるようにしながらまとめるよ。

5

生地がまとまってきたら、バニラエッセンスを加え、ひとまとめにしてきれいな台にとり出す。

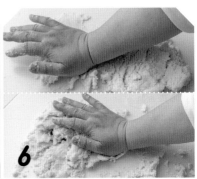

6

手の下の部分で、はじから少しずつこすりつけるようにして、むこう側にのばしながら混ぜる。

全体が同じ状態になればいい。こねすぎないでね。

7

全部混ぜたら、カードで生地を集めて、また*6*と同じようにして混ぜる。

8

生地がなめらかになったら、まとめてラップでつつむ。手でおして1.5cm厚さくらいにする。

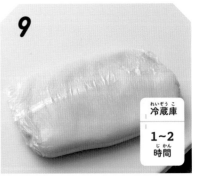

9

冷蔵庫
1～2
時間

冷蔵庫に1時間から2時間くらい入れておいて、ねんどくらいのかたさにする。

▷ 棒の形にのばす

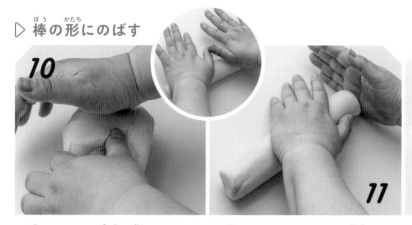

10 冷やした**9**の生地を台にのせて、軽くこねて、表面をきれいにととのえる。

11 手のひらでころがして、両はじをととのえながら、直径4cmの棒の形にする。

このまま2週間冷凍しておいても味はかわらないので、時間のあるときにここまでつくっておいてもいい。

12 またラップにつつんで、冷凍庫に4時間から5時間入れて、かためる。

冷凍庫
4〜5時間

▷ 切り分けて焼く │ ☑オーブンは、180℃に予熱しておく。│

かたいから、包丁の先を上からおさえて切る。

13 バットにグラニューとうを入れる。**12**を入れてころがし、グラニューとうをまわりにつける。

14 まな板にのせる。はじから1cm厚さに切っていく。

15 オーブンマットをしいた天板にならべる。180℃のオーブンで、10分から15分焼く。

16 焼けたら、天板ごとあみにのせて、さましておく。

54ページの**1**から**7**の作業は、フードプロセッサーを使うと簡単にできる。材料を入れて、ひとまとまりになるまでまわせばいい。手の熱が伝わらないので生地もいい状態に仕上がるため、おすすめの方法。32ページ、56ページ、58ページのクッキー、68ページのスコーンなどにも使える。

フードプロセッサー

紅茶のディアマンクッキー

紅茶の香りをほんのりと加えたディアマンクッキー。
紅茶のかわりにナッツを入れたり、まっ茶を入れたりと、
いろいろなアレンジができる。

透明袋に入れる

紙箱

ラッピング

材料（20枚分）

★薄力粉 … 185g
★粉ざとう … 75g
★塩 … 1g
無塩バター … 150g
紅茶のティーバック
　… 1パック（←3g）
グラニューとう
　… 全体にまぶしやすい量

＊紅茶は好きなものでいい。ここ
　ではアールグレイを使った。

つくり方　　　　　　　　　　　　　　　　　　　　　　はじめにやっておくこと

葉が大きければ、ミルなどでくだいてね。

紅茶のティーバックを
ハサミで切り、中の葉
を出しておく。

材料をはかる。バター
は使う直前まで冷蔵庫
に入れておく。

56

▷ 生地をつくる ☑ 1から4の作業は、フードプロセッサーを使うと簡単にできる。
★と紅茶葉、バターを入れて、ひとまとまりになるまでまわせばいい。

手早くね。ゆっくりしてると手の熱でバターがとけちゃうよ。

1 粉ふるいに★を入れて、ボウルにふるい入れる。ボウルに紅茶の葉も加える。

2 冷たいバターを1に入れ、まわりに粉をまぶしつけるようにしながらカードで切っていく。

3 54ページの3、4と同じように、バターをつぶしてから、手のひらでこすりつけて合わせる。

全体が同じ状態になればいい。こねすぎないでね。

冷蔵庫
1~2時間

4 まとめてから台にとり出し、54ページの6、7と同じようにして混ぜる。

5 生地がなめらかになったら、まとめてラップでつつむ。手でおして1.5cm厚さくらいにする。

6 冷蔵庫に1時間から2時間くらい入れておいて、ねんどくらいのかたさにする。

▷ 棒の形にのばす ▷ 切り分けて焼く ☑ オーブンは、180℃に予熱しておく。

冷凍庫
4~5時間

このまま2週間冷凍しておいても味はかわらない。

焼けたら、天板ごとさましておくよ。

7 6を、55ページの10、11、12と同じように棒にしてラップでつつみ、冷凍庫でかためる。

8 55ページの13、14と同じようにして、7にグラニューとうをつけ、1cm厚さに切る。

9 オーブンマットをしいた天板にならべる。180℃のオーブンで、10分から15分焼く。

クマさん＆パンダさんクッキー

クッキーは、53ページのディアマンクッキーとだいたい同じつくり方だけど、
生地にたまごを加えるから、食感が少しかわるよ。
チョコペンで顔をかいたらできあがり。

ペーパープレート

ラッピング

材料
（それぞれのクッキー25枚分ずつ）

薄力粉 … 320g

粉ざとう … 100g

無塩バター … 225g

たまご … 25g

シナモンパウダー … 2g

インスタントコーヒーの粉 … 2g

甘くないココアパウダー … 2g

グラニューとう
　… 全体にまぶしやすい量

チョコ色のチョコペン … 1本

白のチョコペン … 1本

＊インスタントコーヒーは、こまかい
　粉のものを使う。

つくり方　　　　はじめにやっておくこと

材料をはかる。バター
は使う直前まで冷蔵庫
に入れておく。

58

▷ 生地をつくる

☑ 1から5の作業は、フードプロセッサーを使うと簡単にできる。薄力粉、粉ざとう、冷たいバターを入れてまわしてから、たまごを入れ、ひとまとまりになるまでまわせばいい。

1

粉ふるいに薄力粉と粉ざとうを入れて、ボウルにふるい入れる。

2

冷たいバターを**1**に入れ、まわりの粉をまぶしつけるようにしながらカードで切っていく。

3

手早くね。ゆっくりしてると手の熱でバターがとけちゃうよ。

54ページの**3**、**4**と同じように、バターをつぶしてから、手のひらでこすりつけて合わせる。

4

5

片方はあとで使うから、それまでラップにつつんで冷蔵庫に入れておくよ。

6

たまごを加えて、カードで全体に混ぜる。だいたい混ざったら、手でおしながらまとめる。

きれいな台にとり出し、54ページの**6**、**7**と同じようにして混ぜる。

生地がなめらかになったらまとめて、カードで半分に切る。

▷ クマさんクッキーを焼く

7

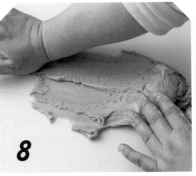

8

9

冷蔵庫

1~2
時間

6の生地の片方に、シナモンパウダーを加えて、カードで切るようにしながら混ぜる。

7を、**5**と同じように台にこすりつけるようにしながら、シナモンパウダーを全体に混ぜる。

8をまとめて、15gを切りとる。のこりの生地は、ラップにつつんで冷蔵庫に入れておく。

▶ 次のページにつづく

これがクマの耳になる。

冷凍庫
4~5時間

10
*9*の15gの生地にコーヒーの粉を加えて混ぜる。ラップにつつみ冷蔵庫に入れておく。

11
*9*で冷蔵庫に入れておいた生地を、半分に切る。

12
手のひらでころがして、どちらも直径3cmの棒にする。ラップでつつみ冷凍庫に入れておく。

カードを使ってのばすといいよ。

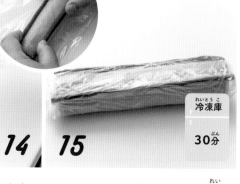

冷凍庫
30分

13
*10*を4等分に切り分けて、*12*の長さに細長くのばす。バットにのせて冷凍庫に入れておく。

14
*12*の上のほうに、それぞれはけで水をぬる。かたまった*13*を2本ずつつける。

15
どちらもラップでつつんで、冷凍庫に30分ぐらい入れてかためる。

☑️オーブンは、180℃に予熱しておく。

切るときにとれた耳は、ならべるときに、顔にくっつけておけばだいじょうぶ。

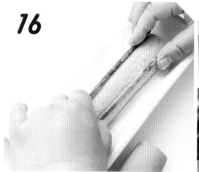

16
バットにグラニューとうを入れる。*15*を入れてころがし、グラニューとうをまわりにつける。

17
まな板にのせる。はじから1cm厚さに切っていく。オーブンマットをしいた天板にならべる。

18
180℃のオーブンで、15分ぐらい焼く。焼けたら、天板ごとあみにのせて、さましておく。

▷ パンダさんクッキーを焼く

19

6のもう片方の生地から、15gを切りとる。のこりはラップにつつみ冷蔵庫に入れておく。

冷蔵庫

1~2時間

20

19の15gの生地にココアパウダーを加えて混ぜる。ラップにつつみ冷蔵庫に入れておく。

これがパンダの耳になる。

21

19で冷蔵庫に入れておいた生地を、半分に切る。

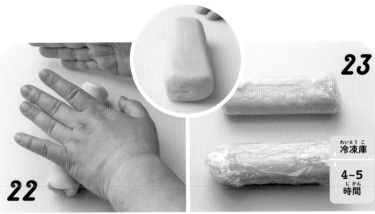

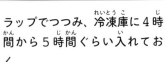

22

手のひらでころがして、どちらも直径3cmの棒にする。手でおして少しつぶす。

23

ラップでつつみ、冷凍庫に4時間から5時間ぐらい入れておく。

冷凍庫

4~5時間

24

カードを使ってのばすといいよ。

20を4等分に切り分けて、23の長さに細長くのばす。バットにのせて冷凍庫に入れておく。

☑オーブンは、180℃に予熱しておく。

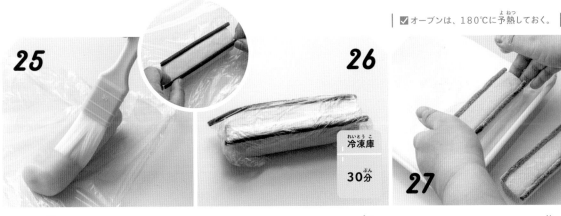

25

23の上のほうに、それぞれはけで水をぬる。かたまった24を2本ずつつける。

26

どちらもラップでつつんで、冷凍庫に30分ぐらい入れてかためる。

冷凍庫

30分

27

バットにグラニューとうを入れる。26を入れてころがし、グラニューとうをまわりにつける。

▶ 次のページにつづく

28

27をまな板にのせる。はじから1cm厚さに切っていく。

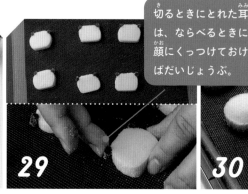

切るときにとれた耳は、ならべるときに、顔にくっつけておけばだいじょうぶ。

29

オーブンマットをしいた天板にならべる。

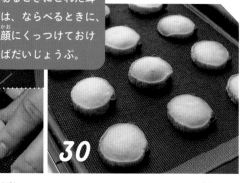

30

180℃のオーブンで、15分ぐらい焼く。焼けたら、天板ごとあみにのせて、さましておく。

▷ **クマさんとパンダさんの顔をかく**

31

コップにぬるま湯を入れて、白とチョコ色のチョコペンをつけておく。

32

チョコ色のチョコペンから、小皿に少ししぼり出す。小皿も、別のぬるま湯につけておく。

33

さめた18のクッキーをならべる。31の白いチョコペンで、はなの白い部分をかく。

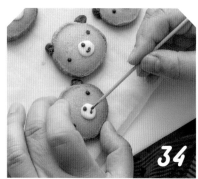

34

32のチョコを竹串の先に少しつけて、目、はな、口をかく。

35

さめた30のクッキーをならべる。31のチョコ色のチョコペンで、目の部分をかく。

チョコがかわけばできあがり!

36

32のチョコを竹串の先に少しつけて、はなと口をかく。

Chapter 2

小さいお菓子

クッキー以外にも、少しずつつつんで
プレゼントするのにちょうどいい、小さめのお菓子はいろいろあるよ。
どれもおすすめのお菓子ばかりだから、
きっと喜んでもらえるはず。
もらった人が、食べるときのことを考えながらラッピングしてみてね。
たとえばジャムは、おいしいうちに食べきれる量を、
小さなびんに入れて。
賞味期限の短いお菓子は、それをカードなどに書いて、そえるといい。

いちごとラズベリーのジャム

びっくりするくらい早くできちゃうつくり方だよ！
鍋からあふれ出ないくらいの強火で、
しっかりアクをとりながら煮るのがコツ。
短時間で仕上げると、色もきれいで香りのいいジャムになる。

材料

（200mlのジャムびん約2こ分）

ヘタをとったいちご … 225g
冷凍のラズベリー … 75g
★グラニューとう … 240g
★レモン汁 … 8ml

＊ いちごは、よく熟した香りのいい
  ものを使う。
＊ 鍋は、底がひろくて高さのあまり
  ないもので、材料を入れたときに
  半分以上上があいているくらい
  の大きさがいい。ここでは直径
  21cmのものを使った。
＊ ホーロー鍋はこげつきやすいので、
  ホーローでないほうがいい。

| memo |

ふたをあけなければ冷蔵
庫で1ヵ月間保存できる。
一度あけたら2週間以内
に食べきる。

つくり方

ふたのゆがんでいない新品が
いい。水滴が入るとジャムが
いたみやすくなるので、よく
かわかしておく。

はじめにやっておくこと

びんは、きれいに洗って
かわかしておく。

いちごは洗い、ヘタを切
りとる。

材料をはかる。ラズベリ
ーは解凍する。

いちごのうち半分は、た
て半分に切る。

▷ ジャムをつくる

つぶしたいちごが、ジャムのとろみになる。

1

切っていないいちごを、ボウルに入れて手でつぶす。

2

1のボウルに、半分に切ったいちごと、解凍したラズベリーを入れる。

3

★を加えて、よく混ぜ合わせ、鍋に入れる。別のボウルに水を入れておく。

アクをしっかりとると、きれいなジャムになる。ときどき鍋の中を混ぜるのもわすれないで!

4

強火にかける。こげないように、鍋の底にヘラをあてて混ぜながら煮る。

5

ぶくぶく出てくる白っぽいアクを、あみじゃくしですくって、ボウルの水に入れながらとる。

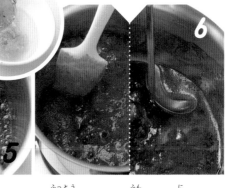

6

沸騰してから2分ぐらい煮て、アクが少なくなってきたら、火を止める。のこったアクをとる。

▷ びんにつめる

びんの口にたれたジャムは、食品用アルコールをふきつけたペーパータオルでふきとっておくよ。

7

6が熱いうちに、かわいた横レードルで、びんの口から1cmぐらい下のところまで入れる。

8

軍手をはめた手でびんを持ち、すぐにふたをしっかりしめる。

こうすると熱いジャムでびんの中全体が殺菌されて、さめるときに空気がちぢんで密閉もされるから、長く保存ができる。

9

すぐにびんをさかさまにして、2分ぐらいおく。もとにもどして、さめるまでおく。

バナナのジャム

食べきれなかったバナナは、ジャムにするのがおすすめ。
バナナは自然にとろみがつくから、つくりやすいよ。
できあがりはさらっとしてるけれど、
さめるとしっかりとろみが出てくる。

| memo |
ふたをあけなければ冷蔵
庫で1ヵ月間保存できる。
一度あけたら2週間以内
に食べきる。

材料
（200㎖のジャムびん約2こ分）

皮をむいたバナナ … 300g

水 … 100㎖

グラニューとう … 210g

レモン汁 … 30㎖

＊バナナは、ちょうどよく熟して、
　いい香りが出てきたものを使う。
＊レモン汁は、レモンをしぼった汁。
　または果汁100％のレモンジュ
　ースでもよい。
＊鍋の説明は、64ページと同じ。

つくり方

ふたのゆがんでいない新品が
いい。水滴が入るとジャムが
いたみやすくなるので、よく
かわかしておく。

はじめにやっておくこと

びんは、きれいに洗って
かわかしておく。

材料をはかる。バナナは
皮をむいてからはかる。

バナナの白いスジをとる。

先の茶色い部分もとって
おく。

▷ ジャムをつくる

1

バナナは、1mm厚さくらいの輪切りにする。

2

バナナを切ったらすぐに、全部の材料を鍋に入れる。ボウルに水を入れておく。

> バナナはとくにこげやすいから、注意してね。

3

強めの中火にかける。こげないように、鍋の底にヘラをあてて混ぜながら煮る。

> アクをしっかりとると、きれいなジャムになる。ときどき鍋の中を混ぜるのもわすれないで!

4

ぶくぶく出てくる白っぽいアクを、あみじゃくしですくって、ボウルの水に入れながらとる。

5

1分30秒から2分ぐらい煮て、バナナがとけてアクが少なくなってきたら、火を止める。

▷ びんにつめる

6

5が熱いうちに、かわいた横レードルで、びんの口から1cmぐらい下のところまで入れる。

> 入れるときにびんの口にたれたら、食品用アルコールをふきつけたペーパータオルでふいておくよ。

7

軍手をはめた手でびんを持ち、すぐにふたをしっかりしめる。

> こうすると熱いジャムでびんの中全体が殺菌されて、さめるときに空気がちぢんで密閉もされるから、長く保存ができる。

8

すぐにびんをさかさまにして、2分ぐらいおく。

9

もとにもどして、さめるまでおく。

スコーン

<ruby>外側<rt>そとがわ</rt></ruby>は<ruby>香<rt>こう</rt></ruby>ばしく、<ruby>中<rt>なか</rt></ruby>はふんわり、しっとりしたスコーンだよ。
ジャムをつけて<ruby>食<rt>た</rt></ruby>べると、いちだんとおいしいから、
ジャムといっしょにプレゼントするといい。

| memo |

<ruby>保存期間<rt>ほぞんきかん</rt></ruby>は、ラップにつつんだり<ruby>透明袋<rt>とうめいぶくろ</rt></ruby>に<ruby>入<rt>い</rt></ruby>れて、<ruby>常温<rt>じょうおん</rt></ruby>で2<ruby>日間<rt>かかん</rt></ruby>ぐらい。

<ruby>材料<rt>ざいりょう</rt></ruby>
（6こから8こ<ruby>分<rt>ぶん</rt></ruby>）

<ruby>薄力粉<rt>はくりきこ</rt></ruby> … 200g

ベーキングパウダー … 10g

<ruby>無塩<rt>むえん</rt></ruby>バター … 50g

★<ruby>牛乳<rt>ぎゅうにゅう</rt></ruby> … 50g

★<ruby>生<rt>なま</rt></ruby>クリーム
（←<ruby>乳脂肪分<rt>にゅうしぼうぶん</rt></ruby>35%）… 50g

★グラニューとう … 45g

★<ruby>塩<rt>しお</rt></ruby> … ひとつまみ

<ruby>焼<rt>や</rt></ruby>く<ruby>前<rt>まえ</rt></ruby>にぬるたまご
… <ruby>全体<rt>ぜんたい</rt></ruby>にぬれる<ruby>量<rt>りょう</rt></ruby>

＊このほかに、<ruby>台<rt>だい</rt></ruby>にふる<ruby>薄力粉<rt>はくりきこ</rt></ruby>を<ruby>少<rt>すこ</rt></ruby>し<ruby>使<rt>つか</rt></ruby>う。

＊<ruby>焼<rt>や</rt></ruby>く<ruby>前<rt>まえ</rt></ruby>にぬるたまごは、<ruby>牛乳<rt>ぎゅうにゅう</rt></ruby>にかえてもよい。

つくり<ruby>方<rt>かた</rt></ruby>   はじめにやっておくこと

<ruby>材料<rt>ざいりょう</rt></ruby>をはかる。バターは<ruby>使<rt>つか</rt></ruby>う<ruby>直前<rt>ちょくぜん</rt></ruby>まで<ruby>冷蔵庫<rt>れいぞうこ</rt></ruby>に<ruby>入<rt>い</rt></ruby>れておく。

★をボウルに<ruby>入<rt>い</rt></ruby>れる。グラニューとうがとけるまで<ruby>泡立<rt>あわだ</rt></ruby>て<ruby>器<rt>き</rt></ruby>でよく<ruby>混<rt>ま</rt></ruby>ぜる。

▷ 生地をつくる

☑ 1から4の作業は、フードプロセッサーを使うと簡単にできる。
薄力粉、ベーキングパウダー、冷たいバターを入れて、ひとまとまりになるまでまわせばいい。

1

粉ふるいに薄力粉、ベーキングパウダーを入れて、別の大きめのボウルにふるい入れる。

2

冷たいバターを1に入れ、まわりに粉をまぶしつけるようにしながらカードで切っていく。

3、4は手早くね。ゆっくりしてると手の熱でバターがとけちゃうよ。

3

バターが少し小さくなったら、指でバターをつまみながらつぶしていく。

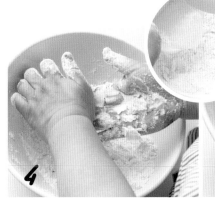

4

だいたいつぶれたら、手のひらにはさんでこすりつけるようにしながら合わせる。

5

合わせておいた★を混ぜながら加える。カードで切るようにしながら合わせて、まとめる。

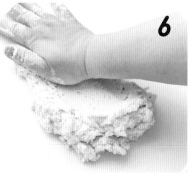

6

きれいな台にとり出す。手の下の部分ですりつぶすようにして、むこう側にのばしながら混ぜる。

全体が同じ状態になればいい。こねすぎるとふわっと焼けないから注意してね。

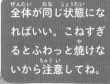

7

全部混ぜたら、カードで生地を集め、また6と同じようにして、手につかなくなるまで混ぜる。

8

茶こしに薄力粉を入れて台に薄くふる。7をまとめてのせ、2cm厚さほどの長方形にする。

ここでなめらかにしておかないと、焼きあがったときになめらかにならないよ。

冷蔵庫
3時間 ~1日

9

手で表面をなめらかにして、ラップでつつむ。冷蔵庫に3時間から1日入れておく。

▷ 次のページにつづく

▷ 切り分けて焼く | ☑オーブンは、220℃に予熱しておく。

10

たまごをわってほぐし、茶こしに入れて、フォークで混ぜながらこしておく。

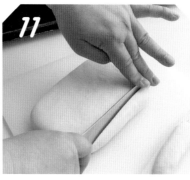

11

9の生地のはじを少し切り落とす。

ラップでつつみ、保存袋に入れて2週間冷凍保存することもできる。焼くときに自然解凍する。

12

11の生地を6等分に切る。

13

オーブンマットをしいた天板に、あいだをあけてならべる。

14

こうすると、表面がつやつやに焼きあがる。

11の切れはしはまとめ、四角く切って13の天板にのせる。最後にのこった生地は丸めてのせる。

15

10のたまごを、はけで上にぬる。

16

220℃のオーブンで7分焼く。温度を200℃にして、もう7分焼く。天板ごとさましておく。

ラッピング

透明袋に入れてから
紙袋に入れて、
ジャムといっしょに
プレゼント

64ページのいちごと
ラズベリーのジャムと、
66ページのバナナのジャム

ハートパイ

売っている冷凍パイシートでつくれる、かわいいハート形のパイ。
おいしくつくるコツは、グラニューとうを、少し多いかな？
と思うくらいにたっぷりふりかけること。

材料
（約14こ分）

冷凍パイシート … 1枚
グラニューとう
　　… 50gぐらい
＊冷凍パイシートは、19cm×
　19cm、重さ150gのもの。

ひもをはさんで
くるくる巻きこんで
キュッとしばる

つくり方　　　　はじめにやっておくこと

材料をはかる。冷凍パ
イシートは、冷凍庫か
ら出して解凍しておく。

パイシートはまげら
れるくらいになれば
いい。やわらかくし
すぎないようにね。

ラッピング

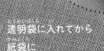

透明袋に入れてから
紙袋に

▶ 次のページにつづく　　71

▷ パイシートをのばしておりたたむ

1 まな板の上にクッキングシートをしく。パイシートをのせて、ついている紙をはがす。

2 $\frac{1}{3}$ぐらいのグラニューとうを、手でふりかけて、全体にひろげる。

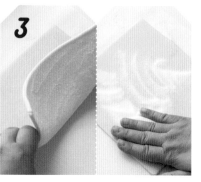

3 パイシートをうら返す。また**2**と同じくらいのグラニューとうをふりかけて、ひろげる。

4 めん棒をころがしながら、パイシートをたてにのばしていく。

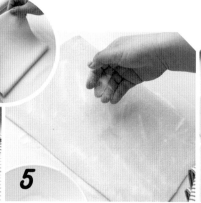

5 もとの1.5倍ほどの長さになったらうら返す。のこりのグラニューとうをふりかけてひろげる。

6 水をはけにつけながら、全体に薄くぬる。

7 パイシートの下を持って半分におりたたみ、スジをつける。

8 ひらいて、**7**でつけたスジに合わせて、パイシートの下をまたおり上げて、スジをつける。

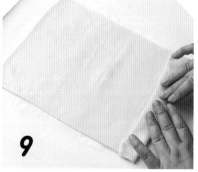

9 またひらいて、**8**でつけたスジに合わせて、パイシートの下をまたおり上げる。

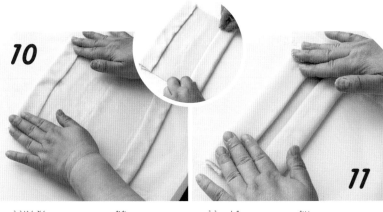

10

上半分も、8、9と同じようにして、おる。

11

上と下を、もう2回ずつおりたたんで、まん中が、1cmぐらいあくようにする。

12

おりたたんだ部分の上に、はけで水をぬる。

▷ 切り分けて焼く

13

半分におって、しっかりくっつける。

14

冷凍庫

3〜4
時間

クッキングシートで巻く。冷凍庫に3時間から4時間入れて、しっかりかためる。

15

かたまったらとり出して、1cm幅ぐらいに切る。

Chapter 2 小さいお菓子

☑オーブンは、180℃に予熱しておく。

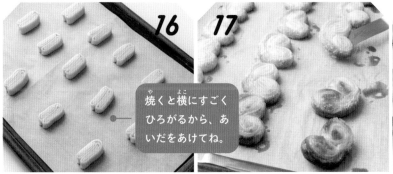

16

焼くと横にすごくひろがるから、あいだをあけてね。

天板にクッキングシートをしく。あいだをひろめにあけて、切り口を上にして15をならべる。

17

180℃のオーブンで10分ぐらい焼く。天板をとり出して、パイをパレットナイフでうら返す。

18

オーブンにもどして、もう8分から10分焼く。

73

リーフパイ

大きな葉っぱみたいな形のパイ。
オーブンの中で生地が焼けてサクッとなって、
きびざとうが香ばしいキャラメルみたいな味になって、おいしいよ！

材料
（約14枚分）

冷凍パイシート … 1枚

きびざとう … 30gぐらい

＊冷凍パイシートは、19cm×
19cm、重さ150gのもの。

ひもをはさんで
くるくる巻きこんで
キュッとしばる

ラッピング

The happiness
I feel just
from seeing you

パイシートはまげら
れるくらいになれば
いい。やわらかくし
すぎないようにね。

つくり方 　　はじめにやっておくこと

材料をはかる。冷凍パ
イシートは、冷凍庫か
ら出して解凍しておく。

▷ パイシートを丸める

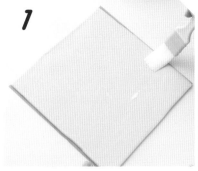

1

紙をつけたまま、パイシートを
まな板にのせる。水をはけにつ
けながら、全体に薄くぬる。

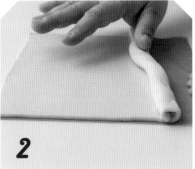

2

紙から少しずつはがしながら、
くるくる巻いていく。

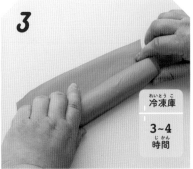

3

冷凍庫
3~4
時間

全部巻きおわったら、紙を巻き
つけて形をととのえる。冷凍庫
に入れて、しっかりかためる。

▷ 薄くのばして焼く ☑ オーブンは、180℃に予熱しておく。

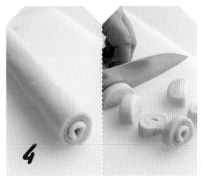

4

かたまったらとり出して、1cm
幅に切る。

5

切り口を上に
してのせてね。

クッキングシートをしいて、き
びざとうを大さじ2ぐらいの
せる。

6

4の形をととのえて、5にのせ
て軽くつぶす。上にめん棒をこ
ろがして、たてにのばしていく。

7

ときどききびざとうをふりかけ
ながら薄くのばす。クッキング
シートをしいた天板にならべる。

8

180℃のオーブンで10分焼く。
天板をとり出して、パイをパレ
ットナイフでうら返す。

9

オーブンにもどして、もう8分
から10分焼く。

チョコチップマフィン

チョコチップをたっぷり入れて大きめにつくる、
ボリュームたっぷりのマフィン。

材料
（4こ分）

無塩バター … 56g

きびざとう … 56g

米油 … 31g

甘くないヨーグルト … 65g

たまご … 47g

塩 … ひとつまみ

★準強力粉または中力粉
　　… 128g

★ベーキングパウダー … 8g

チョコチップ … 140g

＊準強力粉がなければ、薄力粉と強
　力粉を64gずつ合わせてもよい。
＊型は、底の直径が6cm、高さ4cm
　のマフィンカップを使った。

つくり方　　　　　　　　　　　はじめにやっておくこと

サインペンで
格子柄

ラッピング

マチつき透明袋

材料をはかる。

かたいバターを耐熱ボウ
ルに入れて、電子レンジ
に15秒かけておく。

★を、泡立て器でよく混
ぜ合わせておく。

▷ 生地をつくる

1 バターをボウルに入れ、ゴムベラで混ぜてハンドクリームぐらいのやわらかさにする。

2 きびざとうを入れる。泡立て器でよく混ぜる。

3 米油を入れる。よく混ぜる。

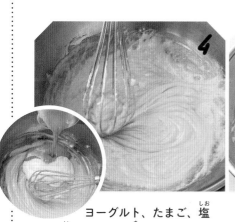

4 ヨーグルト、たまご、塩を入れる。よく混ぜる。

5 合わせておいた★を粉ふるいに入れて、4にふるい入れる。チョコチップも入れる。

混ぜすぎないでね。

6 ゴムベラで切るようにしながら、やさしく混ぜる。

▷ 型に入れて焼く │ ☑オーブンは、170℃に予熱しておく。│

7 だいたい混ざったら、生地のできあがり。スプーンで、マフィンカップに入れる。

8 天板にのせ、170℃のオーブンで18分焼く。天板の手前と奥を入れかえて、もう5分焼く。

9 焼けたら、あみの上でさましておく。

マドレーヌ

お菓子屋さんでもよく見かける、しっとりとした生地がおいしいお菓子だね。
アルミのマドレーヌ型を使えば、お家でも簡単につくれる。
ここでは、レモンの風味を加えたよ。

材料
（7こ分）

★薄力粉 … 125g

★ベーキングパウダー … 3g

グラニューとう … 120g

無塩バター … 150g

はちみつ … 30g

たまご … 155g

レモンの皮 … 1こ分

＊レモンはよく洗って、ふいてから使う。
＊型は直径7.5cm、高さ1.2cmの7号のアルミマドレーヌ型を使った。

つくり方　　　　　　　はじめにやっておくこと

材料をはかる。

★の薄力粉とベーキングパウダーを合わせて、粉ふるいでふるっておく。

ボウルが入れられる大きさの鍋に、50℃ぐらいのお湯を用意しておく。

▷ 生地をつくる

1

ボウルにグラニューとうを入れる。レモンの黄色い皮を、すりおろし器ですりおろして入れる。

表面の黄色い部分だけね。

2

ゴムベラで、すりつけるようにしてよく混ぜる。グラニューとうが、しっとりしてくる。

こうすると、レモンの香りがグラニューとうにうつるよ。

3

バターとはちみつをボウルに入れ、用意したお湯につけて、とかしておく。

4

別のボウルにといたたまごを入れて、**2**を加える。泡立て器で混ぜる。

5

3で使ったお湯に**4**のボウルをつけ、グラニューとうをとかすように泡立て器で軽く泡立てる。

6

グラニューとうがとけて、サラッとしてきたら、ボウルをお湯から出す。★を入れる。

最初は粉だまがあってもだいじょうぶ。

7

泡立て器をたてにしてにぎり、粉がとびちらないように注意して混ぜる。

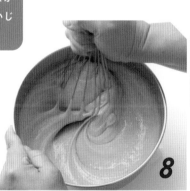

8

粉がとびちらないくらいに混ざったら、ぐるぐると一気に混ぜる。

バターは、ほんのり温かいくらいでいい。

9

混ざったら、とかしておいた、**3**のバターとはちみつを入れる。

▶ 次のページにつづく

10

泡立て器を立てて、まん中から少しずつ混ぜる。

11

バターがひろがってきたら、しっかり混ぜる。

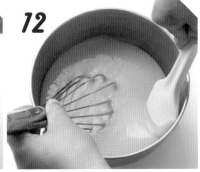

12

ボウルのまわりについた生地をゴムベラでとり、中の生地に合わせる。全体を軽く混ぜる。

▷ 型に入れて焼く ｜ ☑オーブンは、160℃に予熱しておく。｜

13

ラップをして、部屋の中に30分ぐらいおいておく。

14

天板に型をのせる。13の生地を軽く混ぜ合わせてから、型に流す。

15

160℃のオーブンで、10分焼く。

16

天板の手前と奥を入れかえて、5分ぐらい焼く。上にできたきれつが、きつね色になればいい。

焼けたら、天板ごとさましておくよ。

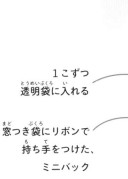

ラッピング

1こずつ透明袋に入れる

窓つき袋にリボンで持ち手をつけた、ミニバック

Chapter 3

大きいお菓子

大きい型でつくる大きいお菓子は、
丸ごとプレゼントして、みんなで食べるのも楽しいね。
外側にクリームなどをぬらないケーキは、
持ちはこびもしやすいから気軽にプレゼントできる。
クリームやフルーツを使うデコレーションケーキは、
誕生日やクリスマスなどにつくりたい、特別なお菓子。
売っているかざりをつけたり、ろうそくを立てたりして、
自分好みにアレンジしてもいい。

カトル・カール

パウンド型でつくる、とてもシンプルなケーキ。
おもな材料はたまご、薄力粉、グラニューとう、バターの4つ。
しっとりとして、食べあきないおいしさだよ。

材料
（底が7cm×16.5cm、高さ6cmのパウンド型1本分）

たまご … 2こ

グラニューとう … 60g

無塩バター … 50g

★薄力粉 … 50g

★ベーキングパウダー … 1g

◆型にぬるバター … 少し

＊型にしくクッキングシートは、パウンド型用に切ってあるものを使った。87ページのように、自分で切ってもよい。

つくり方   はじめにやっておくこと

> バターはハンドクリームぐらいのやわらかさにしておくと、ぬりやすいよ。

> 火は中火にしておく。

材料をはかる。

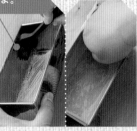

型の内側にはけで◆のバターをぬり、クッキングシートをぴったりはる。

鍋にお湯をわかす。バターをボウルに入れてのせてとかす。鍋からおろす。

★は合わせて、粉ふるいでふるっておく。

▷ 生地をつくる

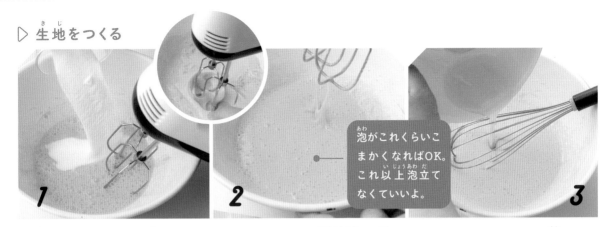

泡がこれくらいこまかくなればOK。これ以上泡立てなくていいよ。

1 別のボウルにたまごを入れ、ハンドミキサーでほぐす。ほぐれたらグラニューとうを入れる。

2 ハンドミキサーの中高速で1分ぐらい、少しふわっとするまで泡立てる。

3 とかしておいたバターを加えて、泡立て器で全体に混ぜる。

☑ オーブンは、170℃に予熱しておく。

混ぜすぎないでね。

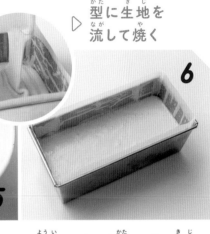

▷ 型に生地を流して焼く

4 ふるっておいた★を加える。泡立て器を大きく動かして、粉をさっくり全体に混ぜる。

5 粉が見えなくなったら、ゴムベラでまわりについた生地をきれいにとり、中の生地に合わせる。

6 用意しておいた型に、**5**の生地を流す。天板にのせ、170℃のオーブンで30分焼く。

生地がついていたら、もう一度オーブンにもどして少し焼いてね。

7 竹串をななめにさしてから引きぬく。竹串に生地がついていなければ、中も焼けている。

8 型から出して、あみの上にのせてさましておく。

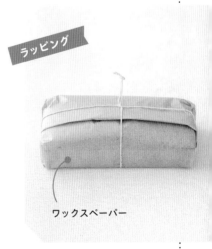

ラッピング

ワックスペーパー

ビクトリアケーキ

82ページのカトル・カールと同じ生地を丸く焼いて、
ジャムをはさんだらできあがり！　イギリス生まれのケーキだよ。
ビクトリアは、イギリスの女王様の名前。

材料
（直径15cmの丸型1台分）

たまご … 2こ

グラニューとう … 60g

無塩バター … 50g

★薄力粉 … 50g

★ベーキングパウダー … 1g

64ページのいちごと
　ラズベリーのジャム … 80g

粉ざとう … 全体にふれる量

＊ジャムは、売っているいちごジャ
　ムとラズベリーのジャムを合わせ
　て使ってもよい。

＊このほかに、型にぬるバターを少
　し使う。

つくり方

バターはハンドクリームぐらいのやわらかさにしておくと、ぬりやすいよ。

はじめにやっておくこと

材料をはかる。

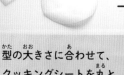

型の大きさに合わせて、
クッキングシートを丸と
長方形に切る。

型にバターをはけでぬる。
切ったクッキングシート
をしく。

83ページの1から5と
同じようにして、生地を
つくる。

▷ 型に生地を流して焼く ┃ ☑オーブンは、170℃に予熱しておく。

生地がついていたら、もう一度オーブンにもどして少し焼いてね。

用意した型に生地を流す。天板にのせ、170℃のオーブンで30分焼く。

竹串をななめにさしてから引きぬく。竹串に生地がついていなければ、中も焼けている。

すぐに型から出して、あみの上におく。横のクッキングシートをとり、そのままさましておく。

▷ 切ってジャムをはさむ

はさんだときにはみ出るから、ふちギリギリまでぬらないでね。

さめたら、さかさまにしてまな板にのせる。下についていたクッキングシートをはがす。

波刃包丁で、横半分に切る。

片方の切り口に、いちごとラズベリーのジャムをぬる。

もう片方をのせてはさむ。

粉ざとうを茶こしに入れて、上全体にふりかける。

ラッピング

ワックスペーパー

黒とうとくるみのパウンドケーキ

黒とうのコクのある甘みと、くるみやごまの香ばしさがいい組み合わせ。
お茶にも紅茶にも牛乳にも合うから、好きな飲みものといっしょにどうぞ。

材料
（底が7.5cm×13.5cm、
高さ6cmのパウンド型2台分）

無塩バター … 120g

グラニューとう … 60g

粉末の黒とう … 60g

たまご … 100g

★薄力粉 … 120g

★ベーキングパウダー … 1g

白ごま … 約20g

くるみのシロップづけの材料

生のくるみ … 50g

◆グラニューとう … 100g

◆水 … 75g

＊たまごは、よくといておく。

ラッピング

ボタンをとおした
細ゴムひも

おり紙

紙の
パウンド型

透明シート
でつつむ

前日にやっておくこと　　くるみのシロップづけをつくる

くるみを、耐熱容器に入れておく。

を鍋に入れて火にかけ、しっかりわかして、熱いうちにそそぐ。

くるみがひたるようにね

ピタッとラップをして、部屋の中で一晩おく。

つくり方

型にしける大きさに切った
クッキングシート

- - - おり目
—— 切りこみ

材料をはかる。バターは
指で簡単におせるやわら
かさにしておく。

★は合わせて、粉ふるい
でふるっておく。

クッキングシートを切る。
おり目をつけ、切りこみ
を入れて、型にしく。

▷ 生地をつくる

ゴムベラについた
生地は、カードで
落とすといい。

1 ボウルにバターを入れて、ゴム
ベラですりつぶすようにして、
ほぐす。

2 グラニューとうと黒とうを入れ
る。ゴムベラですりつぶすよう
にして混ぜ、全体をなじませる。

3 だいたい混ざったら、ハンドミ
キサーの高速で、1分ぐらいぐ
るぐるとまわしながら泡立てる。

たまごは、5回に分
けて入れていくよ。

まわりについた生
地は、ゴムベラで
とって中の生地に
合わせておく。

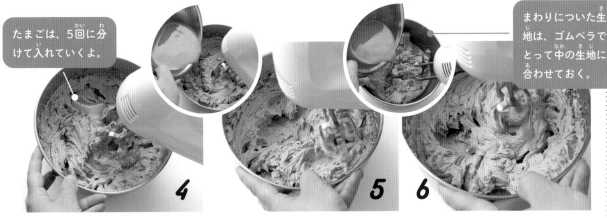

4 1回めの$\frac{1}{5}$のたまごを入れて、
3と同じようにして1分ぐらい
泡立てる。

5 2回めのたまごを入れて、また
4と同じようにして1分ぐらい
泡立てる。

6 3回めのたまごを入れて、また
4と同じようにして1分ぐらい
泡立てる。

次のページにつづく　87

Chapter 3 大きいお菓子

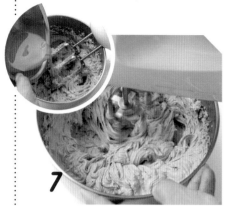

7

4回めのたまごを入れて、また4と同じようにして1分ぐらい泡立てる。

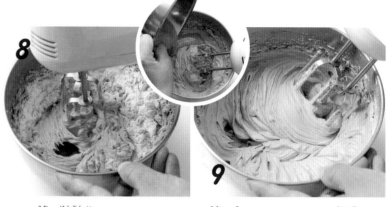

8

★の粉を半分入れて、ハンドミキサーの低速で混ぜる。

9

粉が見えなくなったら、最後のたまごを入れて、全体になじむまで10秒ぐらい混ぜる。

10

のこりの★の粉を入れて、また混ぜる。だいたい混ざったら、ハンドミキサーを止める。

ミキサーのはねについた生地は、ボウルにもどしてね。

1回ごとに、ボウルを手前にまわしながらね。

11

30回ぐらい、ゴムベラで生地をすくって、うら返すようにして落としながら、全体を混ぜる。

▷ **型に入れて焼く**

12

1こ分が220gぐらい。

型に半分ずつ入れる。入れおわったら、手のひらにトントンとあてて、ならす。

☑オーブンは、170℃に予熱しておく。

13

くるみのシロップづけを、あらくきざみ、半分ずつのせる。白ごまもたっぷりふりかける。

14

天板にのせ、170℃のオーブンで20分焼く。天板の手前と奥を入れかえて、もう10分焼く。

15

中の熱い蒸気をぬいて、ケーキがちぢまないようにするため。

焼けたら、軍手をはめた手のひらに軽くトントンとあててから、あみの上でさましておく。

りんごケーキ

りんごの甘ずっぱさがおいしいケーキ。
バットでつくれるから、型がなくてもだいじょうぶ。
りんごは水分が多いから、しっかり焼くのがポイントだよ。

材料

(16cm×23cm、
高さ4.5cmのバット1台分)

大きめのりんご … 1こ
無塩バター … 120g
たまご … 120g
きびざとう … 120g
★薄力粉 … 100g
★ベーキングパウダー
　… 小さじ1
★塩 … ひとつまみ
★アーモンドパウダー … 30g

＊りんごは好きなものでいいが、紅玉がおすすめ。

＊クッキングシートを、バットにしいたときにふちから1cmぐらい出る大きさに切っておく。

| memo |
賞味期限は、つくった次の日まで。

つくり方　　　　　　　　　　　　　はじめにやっておくこと

クッキングシートにおり目をつけて、角にななめに切りこみを入れる。

バットの中にしいておく。

材料をはかる。★は合わせて、粉ふるいでふるっておく。

バターは耐熱ボウルに入れ、電子レンジに10秒ずつ何回かかけてとかす。

▶ 次のページにつづく

▷ りんごを加熱する

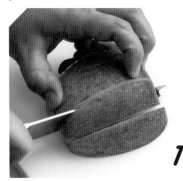

1 りんごを、1.5cm幅ぐらいのくし形に切る。

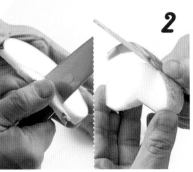

2 芯を切りとり、皮をむく。

りんごがすきとおる感じになればいい。

3 2を別の耐熱ボウルにならべて、ラップをする。電子レンジに5分かける。

▷ 生地をつくる

果汁もあとで使うよ。

4 別のボウルの上にザルを用意して、3をあけて、りんごと果汁に分ける。

5 別のボウルにたまごを入れて、きびざとうを加える。

6 泡立て器でよく混ぜる。

7 ふるった★を入れる。

8 はじめはしずかに混ぜる。粉がとびちらないくらいに混ざったら、ぐるぐると一気に混ぜる。

9 とろりとしたら、とかしたバターを入れる。泡立て器を立てて、まん中から少しずつ混ぜる。

これが大事！

☑オーブンは、天板を入れたまま
180℃に予熱しておく。

▷ バットに入れて焼く

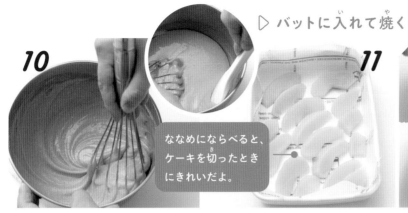

10

11

12

ななめにならべると、ケーキを切ったときにきれいだよ。

バターがひろがったら、しっかり混ぜる。ボウルのまわりの生地はとってもどし、軽く混ぜる。

バットに**4**のりんごをななめにならべる。せまい部分にならべるりんごは、切っておくとよい。

11に**10**の生地を流す。型のすみずみまで入れる。オーブンの中で温めておいた天板にのせる。

▷ 果汁をぬってさます

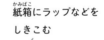

13

14

15

汁がなかったらぬらなくても。または果汁100%のりんごジュースをぬってもいい。

180℃のオーブンで、30分焼く。天板の手前と奥を入れかえて、もう10分ぐらい焼く。

焼けたら、すぐに**4**の果汁をはけで、しみこませるようにぬる。

クッキングシートをかぶせて、天板やまな板などをのせる。

Chapter 3 大きいお菓子

こうしておくと、中までしっとりする。

16

ひっくり返す。完全にさめるまで、このままおいておく。

ラッピング

紙箱にラップなどをしきこむ

クッキングシート

上に透明シートをかぶせる

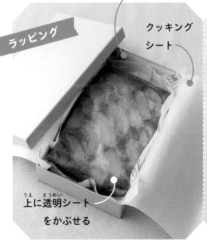

91

スポンジ生地

いろいろなデコレーションケーキに使える
スポンジ生地だよ。焼いた生地は、さめてから
ビニール袋などに入れて、すずしい場所で
次の日までとっておける。

材料
（直径12cmの4号丸型約2台分）

たまご … 150g
たまごの黄身 … 25g
グラニューとう … 75g
アーモンドパウダー … 8g
はちみつ … 15g
薄力粉 … 75g
無塩バター … 15g
米油 … 8g

＊アーモンドパウダーがない場合
　は、入れずに、その分薄力粉を
　ふやしてもよい。

つくり方　　　　　　　　はじめにやっておくこと

材料をはかる。型には
84ページのように丸
と長方形に切った、ク
ッキングシートをしく。

薄力粉を、粉ふるいで
ふるっておく。

バターと米油をボウル
に入れて、50℃くら
いのお湯につけて、と
かしておく。

▷ 生地をつくる

1 別のボウルにたまごとたまごの
黄身を合わせて入れて、泡立て
器で混ぜてほぐす。

2 グラニューとうを加えて、混ぜ
る。

3 アーモンドパウダーを加えて、
混ぜる。はちみつを加えて、混
ぜる。

4 大きいフライパンなどに60℃
ほどのお湯を入れて、3のボウ
ルをつけて、温めながら混ぜる。

☑オーブンは、140〜150℃に予熱しておく。

5 40℃くらいに温まったらお湯から出して、ハンドミキサーの高速で8分ぐらい泡立てる。

6 次に中速にして30秒ぐらい泡立てる。ミキサーからリボンのように落ちるようになればよい。

7 ボウルのまわりについた生地は、ゴムベラでとって中の生地に合わせる。薄力粉を全体に入れる。

8 ゴムベラで下からすくい上げるようにしながら、粉が見えなくなるまでしっかり混ぜる。

9 とかしたバターと米油が入ったボウルに、8をひとすくい入れて、泡立て器でよく混ぜる。

10 9を8のボウルにもどして、ゴムベラで下からすくい上げるようにしながら混ぜる。

▷ 型に入れて焼く

11 混ざったら、型の七分めまで流し入れる。

12 台にトントンと何回かあてて、大きい泡をつぶす。天板にのせ、140℃から150℃のオーブンで、40分焼く。

13 焼けたら軍手をはめた手でオーブンからとり出し、20cmぐらい上から台に落とす。

14 型をさかさにしてあみの上にとり出す。横の紙をはずし、底の紙はつけたままさましておく。使うときに底の紙をとる。

さめたらときどきお湯につけながらね。

こうすると、バターが全体に混ざりやすくなる。

中の熱い空気をぬいて、あとでちぢまないようにするため。

いちごのショートケーキ

みんなが好きな、いちごのケーキ！
生クリームや生のフルーツを使ったケーキは、早めに食べてね。
持ちはこぶときは、箱の中に保冷剤をはりつけておくといい。

材料
（直径12cmの4号のケーキ1台分）

92ページのスポンジ生地 … 1台
クリームの材料
　★生クリーム
　　（←乳脂肪分40%）… 400g
　★グラニューとう … 40g
はさむいちご … 5こぐらい
上にのせる小さめのいちご
　… 7こぐらい
牛乳 … ぬりやすい量
粉ざとう … ふりやすい量

＊クリームの材料は、つくりやすい分
　量なので2台分できる。

つくり方

> たらしたクリームの
> あとがのこらないく
> らいにやわらかいの
> が、六分立て。

はじめにやっておくこと

六分　八分
立て　立て

材料をはかる。はさむい
ちごは、使うときにヘタ
を切り落とす。

ボウルに★を入れて氷水
につけ、ハンドミキサー
で六分立てに泡立てる。
＊泡立て方は14ページを見る。

泡立て器に持ちかえて、
半分を八分立てぐらいに
泡立てておく。

これくらいが八分立て。
ケーキの内側に使うのに
ちょうどいいかたさ。

▷ ケーキを組み立てる

1.5cm厚さぐらいの四角い棒などがあると切りやすい。

ここは使わないよ。

はみ出たクリームは、横にぬりつける。

1 スポンジ生地を3枚に切り分ける。上は薄く切りとる。はさむいちごは、たてに薄切りにする。

2 回転台や大きいたいらな皿の上に、1の生地を1枚のせる。上に、はけで牛乳をぬる。

3 八分立てのクリームをのせ、回転台をまわしながら、パレットナイフでたいらにひろげる。

ボウルのクリームは、ずっと氷水につけておいてね。

4 1のいちごをならべる。

5 またクリームをのせ、3と同じようにぬりひろげる。はみ出たクリームは、横にぬりつける。

6 1の生地を1枚のせて、軽く上からおさえる。また牛乳をはけでぬる。

7 またクリームをのせ、3と同じようにぬりひろげる。はみ出たクリームは、横にぬりつける。

8 またいちごをならべる。クリームをのせ、5と同じようにして、上と横にぬりひろげる。

9 1の生地をまた1枚のせて軽くおさえ、牛乳をぬる。またクリームをのせ、ぬりひろげる。

▶ 次のページにつづく

10

横にクリームを少しつけて、回転台をまわしながらぬりつける。上にとび出た部分はなでつける。

11

混ぜると七分立てくらいになる。ケーキの外側にぬるのにちょうどいいかたさ。

ボウルのクリーム全体を混ぜて、少しやわらかめのクリームにする。すくって**10**にのせる。

12

回転台をまわしてぬりひろげる。横にもクリームをつけながら、ぬりひろげる。

▷ **デコレーションする**

13

またクリームをのせ、**12**をもう一度くり返す。とび出た部分は、内側にむかってなでつける。

14

クリームを、スプーンのうら側ですくって**13**にのせて、もようにする。

15

横にも同じようにしてクリームをはりつけて、もようにする。

16

半分に切ったいちごものせると、変化が出るよ。

いちごを3このせる。粉ざとうを茶こしでふりかける。またいちごを4このせる。

17

下にパレットナイフをさしこんで、手のひらにのせて、皿やケーキトレーにうつす。

ラッピング

手づくりカード

ピンクのベリーケーキ

ピンク色のクリームがはなやかなケーキ。
ここではブルーベリーとラズベリーをのせたけれど、
いちごをのせてもいいよ。

材料
（直径12cmの4号のケーキ1台分）

92ページのスポンジ生地 … 1台
ピンククリームの材料

┃★生クリーム … 400g

┃★グラニューとう … 40g
赤の食用色素 … 数滴
◆ブルーベリー … 好きな量
◆ラズベリー … 好きな量
牛乳 … ぬりやすい量

＊食用色素は液体、または粉末を少し
　のお湯でとかしたもの。
＊クリームの材料は、つくりやすい分
　量なので2台分できる。
＊ブルーベリーとラズベリーは生でも
　冷凍でもよい。
＊線のもようをつけるのに、三角コー
　ムを使った。
＊クリームをしぼるのに、10-6の星
　口金を使った。

つくり方

はじめにやっておくこと

ほんの少しで色がつくから、数滴ずつ入れて、そっと混ぜて色をたしかめてね。

のこりの六分立てのクリームは、冷蔵庫に入れておいてね。

材料をはかる。ブルーベリーとラズベリーは、冷凍なら解凍しておく。

ボウルに★を入れて氷水につけ、ハンドミキサーで六分立てに泡立てる。
＊泡立て方は14ページを見る。

泡立てた生クリームに食用色素を加えて混ぜて、ピンクのクリームにする。

半分を別のボウルに入れ、泡立て器で八分立てに泡立てておく。

▶ 次のページにつづく

97

▷ ケーキを組み立てる

1
スポンジ生地は、95ページの**1**と同じようにして3枚に切り分ける。

2
回転台や大きいたいらな皿の上に、**1**の生地を1枚のせる。上に、はけで牛乳をぬる。

はみ出たクリームは、横にぬりつけるよ。

3
八分立てのクリームをのせ、回転台をまわしながら、パレットナイフでたいらにひろげる。

ボウルのクリームは、ずっと氷水につけておいてね。

4
◆のブルーベリーとラズベリーを、バランスよくならべる。

5
またクリームをのせ、**3**と同じようにぬりひろげる。はみ出たクリームは、横にぬりつける。

6
1の生地を1枚のせておさえ、牛乳をぬる。またクリームをのせ、**3**と同じようにしてぬる。

7
また◆をならべる。**5**と同じようにして、クリームをのせて上と横にぬりひろげる。

8
1の生地をまた1枚のせておさえ、牛乳をぬる。**3**と同じようにして、クリームをのせてぬる。

9
横にクリームを少しつけて、回転台をまわしながらぬりつける。上にとび出た部分はなでつける。

10

混ぜると七分立てくらいになる。ケーキの外側にぬるのにちょうどいいかたさ。

六分立てと八分立てのクリームを混ぜる。すくって**9**にのせる。

11

回転台をまわしながら、上と横にぬりひろげる。またクリームをのせて、もう一度くり返す。

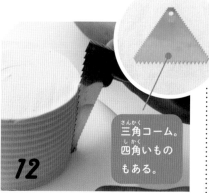

三角コーム。四角いものもある。

12

とび出た部分は**9**のようになでつける。横に三角コームをあてて回転させ、もようをつける。

▷ **デコレーションする**

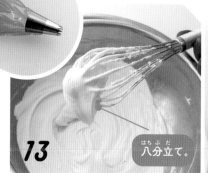

八分立て。

13

ボウルのクリームを泡立て器で少し泡立て、八分立てくらいにする。しぼり袋に口金をつける。

14

しぼりやすい量を入れてね。

しぼり袋を外側に半分ぐらいおり返し、コの字形にした片手にはめる。**13**のクリームを入れる。

15

おり返した部分をもどして、上のほうをしっかり持つ。**12**のふちに、しぼっていく。

小さくしぼるときは力を弱めにして、大きくしぼるときはちょっと力を入れるといい。

16

ぐるぐるぐると3回巻いてしぼり、最後は力をぬいて口金をはなす。こうやって1周しぼる。

17

まん中に◆をのせる。96ページの**17**と同じようにして、皿やケーキトレーにうつす。

ラッピング

おり紙を切ってつくったカーネーション

チョコバナナケーキ

チョコレートクリームと、相性(あいしょう)のいいバナナの組(く)み合(あ)わせ。

材料(ざいりょう)
(直径(ちょっけい)12cmの4号(ごう)のケーキ1台分(だいぶん))

92ページのスポンジ生地(きじ)… 1台(だい)

チョコクリームの材料(ざいりょう)

★ビターチョコレート … 30g

★生(なま)クリーム … 30g

94ページのようにして、
　グラニューとうを加(くわ)えて
六分立(ろくぶだ)てに泡立(あわだ)てた
　生(なま)クリーム … 180g

バナナ … 2本(ほん)

ナパージュの材料(ざいりょう)

◆粉(こな)ゼラチン … 5g

◆水(みず) … 大(おお)さじ2

♥水(みず) … 50㎖

♥グラニューとう … 10g

牛乳(ぎゅうにゅう) … ぬりやすい量(りょう)

甘(あま)くないココアパウダー
　… 大(おお)さじ1

＊クリームをしぼるのに、#8の丸口(まるくち)
　金(がね)を使(つか)った。

つくり方(かた)　　　　　　　　　　　　　　はじめにやっておくこと

材料(ざいりょう)をはかる。

◆を合(あ)わせてふやかして
おく。鍋(なべ)に♥を入(い)れて火(ひ)
にかける。

わいたら火(ひ)を止(と)めて、ふ
やかしたゼラチンを加(くわ)え
てとかす。

さまして
おく。

これをナパー
ジュという。
あとでバナナ
にぬるよ。

▷ チョコレートクリームをつくる

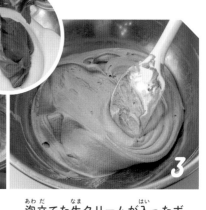

1 耐熱ボウルに★を入れて電子レンジに38秒かける。泡立て器で混ぜてチョコレートをとかす。

2 1がさめたら、泡立てた生クリームをゴムベラで2はい入れて、よく混ぜ合わせる。

3 泡立てた生クリームが入ったボウルのほうに、2を入れて、混ぜ合わせる。

▷ ケーキを組み立てる

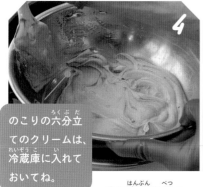

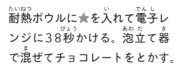
のこりの六分立てのクリームは、冷蔵庫に入れておいてね。

4 3の半分を別のボウルに入れ、泡立て器で八分立てにして氷水につけておく。

5 バナナ1本は8mm厚さの半月切りにする。スポンジ生地は、95ページのように3枚に切る。

6 回転台や大きいたいらな皿の上に、5の生地を1枚のせる。上に、はけで牛乳を多めにぬる。

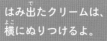
はみ出たクリームは、横にぬりつけるよ。

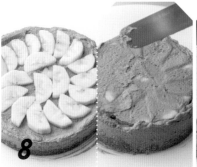

7 4の八分立てのクリームをのせ、回転台をまわしながら、パレットナイフでたいらにひろげる。

8 5のバナナをならべる。またクリームをのせてぬる。はみ出たクリームは、横にぬりつける。

9 5の生地を1枚のせておさえ、牛乳をぬる。またクリームをのせ、7と同じようにしてぬる。

▶ 次のページにつづく

10

また**5**のバナナをならべる。クリームをのせ、**8**と同じようにして上と横にぬりひろげる。

11

上にとび出たクリームは、なでつけておいてね。

5の生地を1枚のせておさえ、牛乳をぬる。クリームをのせ、**7**と同じようにしてぬる。

12

混ぜると七分立てくらいになる。ケーキの外側にぬるのにちょうどいいかたさ。

六分立てと八分立てのクリームを混ぜる。すくって**11**にのせる。

13

上にとび出たクリームは、なでつけておいてね。

回転台をまわしながら、上と横にぬりひろげる。またクリームをのせて、もう一度くり返す。

▷ **デコレーションする**

14

15

こうすると、バナナが茶色くなりにくい。

バナナ1本を好きな形に切って、**13**にのせる。100ページのナパージュをはけでバナナにぬる。

ボウルの中のクリームを、泡立て器で少し泡立てて、八分立てくらいにする。

16

しぼりやすい量を入れてね。

しぼり袋に丸口金をつける。99ページの**14**と同じようにして、**15**のクリームを入れる。

17

14に**16**をしぼる。ココアを茶こしでふりかける。96ページの**17**のようにして皿などにうつす。

ラッピング

おり紙ミニふうとう

サインペンで格子柄をかいた帯

Chapter 4

チョコレートのお菓子

バレンタインデーやホワイトデーに大かつやくする、
チョコレートのお菓子。
ここでは、ひと口タイプのお菓子から大きなホールケーキまで、
いろいろなタイプのチョコレート菓子をおしえるね。
チョコレートのお菓子で大事なのは、おいしいチョコレートを使うこと。
チョコレートをとかして使うお菓子は、とかすときの温度も大事だよ。
この本では、できるだけお家でもつくりやすいように、
電子レンジでとかす方法を紹介しているから、やってみてね。

ロッシェショコラ

フランス語で「ロッシェ」は岩山。「ショコラ」はチョコレート。
コーンフレークのザクザクした食感がおいしいよ！

材料
（約18こ分）

ミルクチョコレート … 100g

コーンフレーク … 60g

くるみ … 15g

マシュマロ … 10g

＊型は、プラスチック製のチョコレート型を使った。シリコン型などでもよい。

＊型がなければ、クッキングシートの上に、ひと口分ずつのせて、かためてもよい。

つくり方   はじめにやっておくこと

材料をはかる。チョコレートは耐熱ボウルに入れておく。

マシュマロとくるみを、小さくきざむ。

コーンフレークは、ビニール袋に入れて手でもんで、こまかくくずす。

ビニール袋の口は、少しあけておくといい。

▷ 材料を混ぜる

1

チョコレートが入ったボウルにラップをする。電子レンジに30秒ずつ2〜3回かけてとかす。

2

別のボウルにくだいたコーンフレークとマシュマロ、くるみを入れて混ぜる。

3

2に、熱い1のチョコレートを入れる。ゴムベラで、全体に混ぜる。

▷ 型につめて冷やしかためる

4

混ざったら、スプーンで型に入れていく。

5

ラップをかけて、上からおして、しっかりつめる。冷蔵庫に1時間ぐらい入れてかためる。

冷蔵庫
1時間

6

かたまったら、まな板の上で型をひねって、

7

トンとまな板にあてて、中身をとり出す。

ラッピング

紙箱

クッキングシートでふわっとつつんで入れる

マンディアン

とかしたチョコレートに、好きなナッツやドライフルーツを
ならべてかためれば、楽しいプレゼントになる。
大事なのは、チョコレートのとかし方。
温度を上げすぎないように注意してね。

材料
（内側の寸法が6.5cm×6.5cmの
角型ケーキトレー10枚分）

ビターチョコレート … 200g

トッピング

アーモンド、ドライマンゴー、
ドライクランベリー、
ドライイチジク、レーズン、
ドライアプリコット、
カシューナッツ、
ピスタチオなど … 好きな量

＊トッピングは、好きなものでよい。

つくり方　　はじめにやっておくこと

材料を用意する。

106

▷ チョコレートをとかす

1 チョコレートを耐熱ボウルに入れて、電子レンジに20秒かける。軽く混ぜる。

2 また電子レンジに15秒かけて軽く混ぜて、また15秒かけて軽く混ぜる。

3 チョコレートは完全にとけていなくてもいい。温度は32℃をこえないようにする。

しっかり混ぜることが大事。

4 ゴムベラでしっかり混ぜて、のこっているチョコレートをとかす。

▷ トレーに入れて冷やしかためる

5 トレーに大さじ2ぐらいずつ入れる。

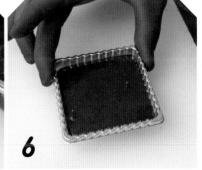

6 台にトントンとあてて、チョコレートをたいらにする。

7 かたまらないうちに、トッピングをのせる。すずしいところに一晩おいて、冷やしかためる。

ラッピング

消しゴムはんこ

チョコがけクッキー

シンプルなクッキーも、チョコレートでかざるだけで
バレンタインにぴったりなプレゼントになる。
チョコレートは電子レンジで少しずつとかすよ。

材料
（約30枚分）

無塩バター … 120g
粉ざとう … 80g
たまご … 1こ
★薄力粉 … 200g
★アーモンドパウダー
　… 30g
★塩 … 1g
ビターチョコレート
　… 150gぐらい

＊クッキーの材料は少なすぎると
　つくりにくいので、30枚分に
　している。ここではできた生地
　の半分を使って15枚のクッキ
　ーを焼き、のこりは冷蔵または
　冷凍保存している。

ラッピング

1枚ずつ透明袋に入れてから
四角い紙ケースに入れ、
窓つきの紙袋に

つくり方

材料をはかる。バター
は、指で簡単におせる
やわらかさにしておく。

はじめにやっておくこと

しっかり混ぜるた
めに、できれば3
回ふるうといい。

粉ふるいに　を入れて、
クッキングシートの上
でふるっておく。

▷ 生地をつくる

1
ボウルにバターを入れて、ゴムベラでおしてつぶす。

2
粉ざとうを入れる。粉ざとうをバターにすりつけるようにしながら混ぜる。

3
ポロポロしてきてもだいじょうぶ！

混ざったら、たまごを入れる。泡立て器でよく混ぜる。

4
たまごが全体に混ざったら、ふるっておいた★を入れる。

5
泡立て器で、最初は少しずつ混ぜていく。

6
少しなじんだら、ぐるぐるとしっかり混ぜる。泡立て器の中に入った生地はゴムベラで落とす。

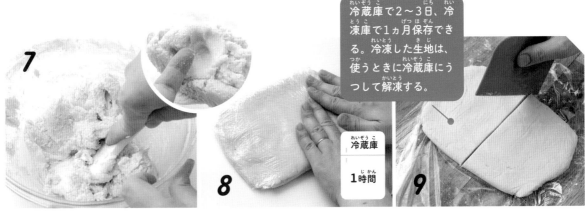

冷蔵庫で2〜3日、冷凍庫で1ヵ月保存できる。冷凍した生地は、使うときに冷蔵庫にうつして解凍する。

7
ゴムベラをおしつけながら、しっかり混ぜる。きちんと混ざると、指でおしても指につかない。

8
ラップにとり出して、つつむ。手でおして、少しのばす。冷蔵庫に1時間ぐらい入れておく。

冷蔵庫
1時間

9
8の生地を、カードで半分に切る。片方はラップにつつみ、冷蔵庫または冷凍庫で保存する。

Chapter 4 チョコレートのお菓子

▶ 次のページにつづく

はさむシートがなければ、台に薄力粉をふっておく。

だいたいのばしたら、両側に3mm厚さぐらいのじょうぎをおいてのばすといいよ。

冷蔵庫 30分

10
もう片方の9の生地を、2枚の透明シートかクッキングシートではさむ。

11
めん棒で、3mm厚さくらいにのばす。ときどき生地のむきをかえながらのばすといい。

透明シートにはさんだまま、冷蔵庫に30分ぐらい入れておく。上の透明シートをはがす。

天板は、うらのほうがたいらなんだ。

生地の切れはしは、まとめて冷蔵庫や冷凍庫で保存しておける。

13
ぬき型でぬく。型の中の生地を、指でやさしくおしてとり出す。

14
うら返した天板にクッキングシートをしいて、13をならべる。

15
170℃のオーブンで15分から20分、焼き色がつくまで焼く。あみの上でさましておく。

▷ **チョコがけする**

温度を上げすぎないようにして、とかすことが大事！

チョコレートがかたまったらできあがり。

16
耐熱ボウルにチョコレートを入れてラップをする。電子レンジに30秒かけて、軽く混ぜる。

17
また電子レンジに15秒ずつ2回かけて、混ぜてとかす。15の片側にチョコレートをつける。

18
クッキングシートにならべる。ゴムベラにチョコレートをつけ、上からたらしてかざってもいい。

＊オーブンのとびらをあけたときに温度が下がるので、予熱温度を、焼く温度より10℃高くしている。

生チョコレート

大事なのは、おいしいチョコレートを使うこと。
ミルクチョコレートより、かたまりやすいビターチョコレートがつくりやすい。
バターを加えることで、口どけがとてもなめらかになるよ。

材料
（18cm×18cmの角型1台分）

★ビターチョコレート
　　…230g
★生クリーム
　（←乳脂肪分35%）…200g
★無塩バター…20g
甘くないココアパウダー
　　…50gぐらい

＊型は底がぬける角型を使ったが、
　底がたいらであればどんな型でも
　よい。

| memo |

プレゼントするときは、ケースに入れて、持ちはこぶ直前まで冷蔵庫に入れておき、保冷剤といっしょに袋に入れる。冷蔵庫から出して10分ぐらいおいてから食べるとおいしい。3日以内に食べる。

つくり方　　　　　　　　　　　　　　　　　　　　　はじめにやっておくこと

クッキングシートを、
型からはみ出る大きさ
の長方形に2枚切る。
型に十字にしく。

材料をはかる。

▶ 次のページにつづく　　111

▷ 型に入れて冷やしかためる

1

★を耐熱ボウルに入れて、ラップをする。電子レンジに1分ずつ2回かける。

2

だんだんつやつやになってくるよ。

泡立て器で混ぜて、チョコレートを完全にとかす。全体が同じ状態になめらかになればいい。

3

なめらかに混ざったら、型に流す。すみずみまで行きわたるように、ゴムベラでのばす。

4

しっかり冷やしたほうが、切りやすい。

冷蔵庫
1時間以上

型を持ち、台に軽くあてて表面をたいらにする。冷蔵庫に1時間以上入れて冷やしかためる。

▷ 切り分ける

5

型からとり出す。いちばん下のクッキングシートを1枚はがして、まな板にのせる。

6

ココアパウダーを茶こしに入れて、上全体にふる。

7

上にクッキングシートをのせて、うら返す。

8

下についていたクッキングシートをはがす。

9

ココアパウダーを茶こしに入れて、また全体にふる。

大きさは、入れる
ケースに合わせて
決めてね。

10

2.5cmずつ、包丁の刃先でしる
しをつけていく。

包丁を温めてか
ら切ると、きれい
に切れるんだ。

11

包丁の刃を、コンロの火に
あてて少し温めて、**10**のしるし
を目じるしにして切る。

12

1回切るたびに、包丁のチ
ョコレートをふきとって、また
温めてから切る。

13

切っていないほうに、また2.5
cmずつしるしをつける。

14

13でつけたしるしを目じるし
に、また、**11**、**12**と同じように
して切る。

15

全部切りおわったら、竹串を横
にさして1こずつとり、

16

ケースに入れて、竹串をぬく。

ラッピング

ESPECIALLY
FOR YOU

ハート形の
パンチでぬく

スティックを
入れておくといい

トリュフ

生チョコを丸めて、とかしたチョコレートで
コーティングしたのがトリュフ。
薄く3回コーティングすると、表面がパリッとして、
お店で売っているみたいなトリュフになるよ！

トリュフ専用箱

サインペンで
格子柄を
かいた帯

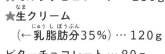

材料
（約20こ分）

★ミルクチョコレート … 230g
★生クリーム
　（←乳脂肪分35%）… 120g
ビターチョコレート … 80g
甘くないココアパウダー
　… 50gぐらい

＊型は18cm×23cmのバットを使った。
＊手の熱でチョコレートがとけやすいので、ゴム手袋をはめるといい。

| memo |

生チョコよりはとけにくいが、気温が30℃以上の日は、保冷剤をそえて持ちはこぶ。食べ方については111ページと同じ。

つくり方　　　　　　　　　　　　　　　　はじめにやっておくこと

材料をはかる。

バットにラップをはりつけておく。

▷ 型に入れて冷やしかためる

1

こうやって、温度を上げすぎないようにしてとかすよ。

★を耐熱ボウルに入れて、ラップをする。電子レンジに40秒ずつ3回かける。

2

だんだんつやつやになってくるよ。

泡立て器で混ぜて、チョコレートを完全にとかす。全体が同じ状態になめらかになればいい。

3

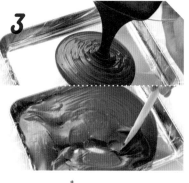

なめらかに混ざったら、バットに流す。ゴムベラで全体にひろげる。

▷ 丸めて冷やしかためる

4

冷蔵庫
1時間以上

ラップがうまくはがれなかったら、まだ冷やしたりないよ。

上にもラップをはりつける。冷蔵庫に1時間以上入れて、かためる。1日入れておいてもいい。

5

上のラップだけはがし、まな板にとり出す。茶こしにココアを入れて、上全体にふる。

6

上にラップをかけて、うら返す。下についていたラップをはがす。

7

5と同じようにして、また全体にココアをふる。カードで20等分に切る。

8

指で丸くととのえてから、手のひらでころがして丸めるといい。

バットにラップをしく。ゴム手袋をはめた手で、7を1つずつ丸めて、バットにのせていく。

9

冷蔵庫
10分

全部丸めおわったら、冷蔵庫に10分ぐらい入れてかためる。

▶ 次のページにつづく　115

▷ チョコレートでコーティングする

全部とけて
いなくても
いいよ。

こうすると、チョコ
レートを薄くつける
ことができるよ。

10 ビターチョコレートを耐熱ボウ
ルに入れ、ラップをする。電子
レンジに30秒ずつ2回かける。

11 ゴム手袋をはめた片方の手の
ひらに、**10**のチョコを少しつけ
る。**9**をのせてころがす。

12 ラップをしいたバットにのせて
いく。全部つけおわったら冷蔵
庫に10分ほど入れてかためる。

冷蔵庫
10分

チョコがかわいちゃ
うから、1こか2こ
ずつまぶすといい。

13 また**11**と同じようにしてチョ
コをつけて、**12**と同じように冷
蔵庫に入れてかためる。

冷蔵庫
10分

14 ココアを茶こしに入れ、別のバ
ット全体に、ふるって入れる。
あとでたす分はのこしておく。

15 **13**に、また**11**の方法でチョコ
をつけて、**14**に入れる。ころが
して、全体にココアをまぶす。

これで粉っぽさが
なくなって、形も
きれいになるよ！

16 バットをゆすってころがしなが
らまぶしてもいい。ときどき茶
こしでココアをふり入れる。

17 まぶしおわったら、からの茶こ
しに1こずつ入れてまわし、よ
ぶんなココアを落とす。

18 別のバットに入れていく。

ブラウニー

表面はサクッと、中はねっとりとしたチョコレートケーキ。
仕上げにホワイトチョコレートをのせて粉ざとうをふれば、
はなやかになって、プレゼントにぴったり。

材料

(8.8cm×4.3cm、高さ2.3cmの)
(アルミ型　6〜7こ分)

★板ブラックチョコレート

　… 30g
★無塩バター … 60g
たまごの黄身 … 1こ
きびざとう … 40g
たまごの白身 … たまご1こ分
グラニューとう … 10g
薄力粉 … 15g
板ホワイトチョコレート … 30g
粉ざとう … 全体にふれる量

＊おいしいチョコレートを使うことが
　大事。お菓子づくり用のチョコレー
　トを使うのもいい。

アルミ型

つくり方

はじめにやっておくこと

材料をはかる。

薄力粉は、粉ふるいで
ふるっておく。

▶ 次のページにつづく

▷ 生地をつくる

1

火は中火に
しておく。

鍋にお湯をわかす。★をボウル
に入れてのせ、ゴムベラで混ぜ
ながらとかす。鍋からおろす。

2

別のボウルにたまごの黄身を入
れ、泡立て器でほぐす。きびざ
とうを入れる。

3

黄身ときびざとう
がなじむまで、し
っかり混ぜてね。

泡立て器でしっかりすり混ぜる。
混ざったら、おいておく。

4

また別のボウルにたまごの白身
を入れる。ハンドミキサーの中
速で泡立てる。

5

やわらかいツノが立つようにな
ったら、グラニューとうを $\frac{1}{3}$ 入
れて、30秒ぐらい泡立てる。

6

のこりのグラニューとうの半分
を入れて、また30秒ぐらい泡
立てる。

7
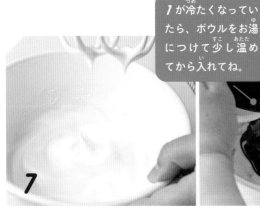

1 が冷たくなってい
たら、ボウルをお湯
につけて少し温め
てから入れてね。

のこりのグラニューとうを全部
入れて、ツノがピンと立つよう
になるまでまた泡立てる。

8

3のボウルに、とかしておいた、
少し温かい 1 を入れる。泡立て
器でよく混ぜる。

9

8に7の $\frac{1}{3}$ を入れる。

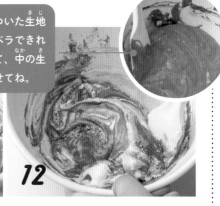

まわりについた生地は、ゴムベラできれいにとって、中の生地に合わせてね。

泡立て器でよく混ぜる。

全体になじんだら、薄力粉と、のこりの**7**を全部入れる。

ゴムベラで切るようにしながら、全体がなじむまで混ぜる。

▷ 型に流して焼く ┃ ☑ オーブンは、180℃に予熱しておく。 ┃ ▷ 仕上げる

そそぎ口のついた計量カップなどに入れて、型に流し入れる。

天板にのせ、180℃のオーブンで12分から15分焼く。

焼いているあいだに、ホワイトチョコレートをきざんでおく。

ラッピング

金色のレースペーパー

14が焼きあがったら、あみにとり出す。熱いうちに**15**をのせる。そのままさましておく。

さめたら、粉ざとうを茶こしに入れて、ふりかける。

チョコレートマフィン

生地にもチョコを入れて、とかしたチョコと
きざんだチョコを上にもかける、チョコづくしのマフィン!
少し入れるアーモンドパウダーが、
生地にうま味を加えてくれる。

材料
（6こ分）

- ★薄力粉 … 130g
- ★ベーキングパウダー … 5g
- ★甘くないココアパウダー … 30g
- ★アーモンドパウダー … 10g
- ★きびざとう … 100g
- ◆牛乳 … 150g
- ◆無塩バター … 50g
- たまご … 1こ
- ♥ミルクチョコレート … 40g
- ♠ミルクチョコレート … 50g
- ♣ミルクチョコレート … 30g

＊型は、6こ用のマフィン型に、底の直径が5cm、高さ3cmのグラシンケースをはめて使った。

＊マフィン型がなければ、型に入れなくても使える紙のマフィンカップを使ってもよい。

つくり方 　　　　　　　　　はじめにやっておくこと

材料をはかる。バターはかたいままでよい。

マフィン型に、グラシンケースをはめておく。

120

＊オーブンのとびらをあけたときに温度が下がるので、予熱温度を、焼く温度より10℃高くしている。

▷ 生地をつくる

のこった粒は、指でおしてつぶしてね。

1 ボウルの上に粉ふるいを用意し、★を入れて、泡立て器で混ぜながらふるい入れる。

2 耐熱容器に◆の牛乳とバターを入れて、ラップをし、電子レンジに1分30秒かける。

3 混ぜてバターをとかす。

4 たまごを**1**のボウルに入れる。泡立て器で軽く混ぜる。

5 **4**に**3**を入れて、粉が見えなくなるまでしっかり混ぜる。

6 ボウルのまわりについた生地は、ゴムベラできれいにとって、中の生地に合わせる。

大きいチョコレートを使ったときは、少しきざんでおいてね。

7 ♥のチョコレート40gを入れて、ゴムベラで混ぜる。

▷ 型に入れて焼く ｜ ☑オーブンは、190℃に予熱しておく。｜

8 全体に混ざったら、マフィン型にはめたグラシンケースに入れる。

9 天板にのせて、180℃のオーブンで35分焼く。

▶ 次のページにつづく

121

▷ チョコレートをかける

10 焼けたら、型のままさましておく。

11 さわれるくらいにさめたら、あみの上にとり出してさます。

12 ♠のチョコレート50gをボウルに入れ、ラップをする。電子レンジに30秒かけ軽く混ぜる。

> こうやって、温度を上げすぎないようにしてとかすことが大事!

13 また電子レンジに15秒ずつ2回かけて、混ぜてとかす。

14 ♣のチョコレート30gは、包丁できざんでおく。

15 とかした13のチョコレートをゴムベラですくいながら、さめた11のマフィンの上にかける。

16 14のきざんだチョコレートをふりかける。

ラッピング

マスキングテープ

HOPE YOU
LIKE IT!

木製のフォーク

マチつき透明袋

スープカップ

チョコレートシフォンケーキ

ふわふわで弾力のある、チョコレート味のシフォンケーキだよ。
電子レンジで温めて、バニラアイスクリームや
ホイップクリームをそえて食べてもおいしい!

| memo |

賞味期限は、つくった
次の日まで。

材料

(直径17cmのシフォンケーキ型
　1台分)

たまご … 4こ

きびざとう … 100g

◆ミルクチョコレート … 30g

◆水 … 80g

★薄力粉 … 80g

★甘くないココアパウダー
　… 10g

★ベーキングパウダー … 3g

＊型は、底がはずれるアルミ製
　のシフォンケーキ型を使った。

シフォンケーキ型

つくり方

しっかり混ぜるために、できれば3回ふるうといい。

はじめにやっておくこと

材料をはかる。

粉ふるいに★を入れて、
クッキングシートの上で
ふるっておく。

たまごは黄身と白身に分
けておく。白身は大きめ
のボウルに入れておく。

耐熱ボウルに◆を入れて
ラップをし、電子レンジ
に1分かける。

▶ 次のページにつづく

▷ 生地をつくる

1

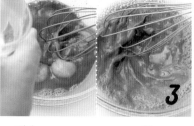
ボウルをさかさまにしても、落ちないくらいに泡立てるよ。

きびざとうは、はじめから全部入れていいよ。

たまごの白身にきびざとうを加える。ハンドミキサーの高速で3分ぐらい泡立てる。

2

中速にして、1分ぐらい泡立てる。こうすると、泡がこまかくなって、きれいに焼ける。

3

電子レンジにかけた◆が入ったボウルに、たまごの黄身を入れる。泡立て器でよく混ぜる。

4

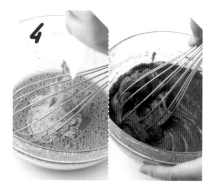

混ざったら、ふるっておいた★を入れる。泡立て器でよく混ぜる。

5

混ざったら、2をゴムベラで2回すくって入れる。

6

泡立て器でよく混ぜる。

☑ オーブンは、180℃に予熱しておく。

7

混ざったら、6を2のボウルのほうへ入れる。

1回ごとに、手前側に、ボウルをまわしながらね。

8

ゴムベラで下からすくって、手首をひねるようにしながら、全体を混ぜる。

▷ 型に入れて焼く

9

こうすると中の空気の粒の大きさがそろって、焼きあがりがきれいになるよ。

混ざったら、型に流し入れる。竹串をさして、まん中のつつのまわりを2周する。

＊オーブンのとびらをあけたときに温度が下がるので、予熱温度を、焼く温度より10℃高くしている。

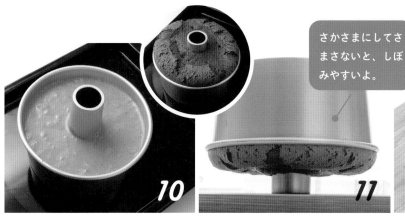

さかさまにしてさまさないと、しぼみやすいよ。

10
天板にのせる。170℃のオーブンで50分焼く。

11
焼きあがったら、まな板の上に、型をさかさにして立てて4時間ぐらいおいて、さましておく。

12
さめたら、型の内側にそってナイフをさし、上下に動かしながら1周して切りこみを入れる。

13
まん中のつつにそってナイフをさし、**12**と同じように1周して切りこみを入れる。

14
つつの部分を持って、型から出す。

15
底の型にそって、ナイフをぐるっと入れて切りはなす。

16
うら返して、型をはずす。

シフォンケーキ用の透明袋に横むきに入れる

切り分けて透明袋に入れてから、窓つきの袋に入れる

ラッピング

ガトーショコラ

とっても濃厚(のうこう)なチョコレートケーキだから、
チョコレート好(す)きの人(ひと)なら、きっと喜(よろこ)んでくれるはず。

| memo |
食(た)べるときに冷蔵庫(れいぞうこ)から
出(だ)して、少(すこ)しおいてから
食(た)べるといい。

材料(ざいりょう)
（直径(ちょっけい)15cmの丸型(まるがた)1台分(だいぶん)）

ビターチョコレート … 150g
無塩(むえん)バター … 150g
きびざとう … 140g
たまご … 3こ
薄力粉(はくりきこ) … 70g
粉(こな)ざとう
　… 全体(ぜんたい)にふりかけられる量(りょう)

つくり方(かた)

はじめにやっておくこと

> こうやって、温度(おんど)を上(あ)げすぎないようにしてとかすことが大事(だいじ)！

84ページのように丸(まる)と長方形(ちょうほうけい)に切(き)ったクッキングシートを、型(かた)にしく。

材料(ざいりょう)をはかる。バターは、指(ゆび)で簡単(かんたん)におせるやわらかさにしておく。

耐熱(たいねつ)ボウルにチョコレートを入(い)れて、ラップをする。

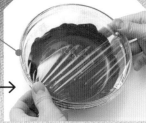
電子(でんし)レンジに30秒(びょう)ずつ3回(かい)かけてとかす。

▷ 生地をつくる

1

別のボウルにバターを入れて、ゴムベラでおしてつぶす。

2

きびざとうを入れる。きびざとうをバターにすりつけるようにしながら混ぜる。

3

混ざったら、たまごを入れて、泡立て器で少しずつ混ぜていく。

全体がポロポロしてきてもだいじょうぶ！

4

泡立て器の中に入った生地は、ゴムベラで落とす。ぐるぐるとしっかり混ぜる。

チョコレートは、ほんのり温かいくらい。

5

全体に混ざったら、とかしたチョコレートを入れる。

6

ぐるぐるとよく混ぜる。

のこった粒は指でおしてつぶしてね。

7

ボウルのまわりについた生地は、ゴムベラできれいにとって、中の生地に合わせる。

8

全体がなめらかにまとまってくるまで、また混ぜる。

9

なめらかなクリームのようになったら、粉ふるいで薄力粉をふるって入れる。

▶ 次のページにつづく 127

▷ 型に入れて焼く

10

泡立て器で、粉が見えなくなるまで、全体をよく混ぜる。

11

ボウルのまわりについた生地は、ゴムベラできれいにとって、中の生地に合わせる。

12

用意した型に流し入れる。

13

型をトントンと台に何回かあてて、生地の表面をたいらにする。天板にのせる。

14

170℃のオーブンで、1時間焼く。

15

焼けたら、型のままあみにのせて、さましておく。

16

さめたら型から出して、クッキングシートをはがす。粉ざとうを、茶こしに入れてふりかける。

ラッピング

ケーキトレーつきの箱

透明袋などに入れてから入れてもよい

色画用紙を、丸くかざり切りしてはる

＊オーブンのとびらをあけたときに温度が下がるので、予熱温度を、焼く温度より10℃高くしている。

チョコバスクチーズケーキ

チョコレート味の、「バスチー」だよ。
チーズを使っていないのに、チーズケーキの味がする不思議なケーキ！
チョコレートの風味もしっかり生きている。

| memo |

冷蔵庫で1日おいたほうが、
味がなじんでおいしくなる。
冷蔵庫から出して少しおい
てから食べるといい。

材料
（直径15cmの丸型1台分）

★ミルクチョコレート

　…200g

★生クリーム

　（←乳脂肪分35％）… 130g

★きびざとう … 50g

甘くないヨーグルト … 200g

たまご … 2こ

◆薄力粉 … 30g

◆甘くないココアパウダー

　… 10g

＊型は、底がとれるものを使った。

つくり方　　　　　　　　　　　はじめにやっておくこと

材料をはかる。

しっかり混ぜるた
めに、できれば3
回ふるうといい。

粉ふるいに◆を入れて、
クッキングシートの上
でふるっておく。

▶ 次のページにつづく　　129

1 ★を耐熱ボウルに入れてラップをかけ、電子レンジに2分30秒かける。

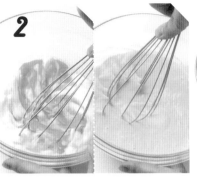

2 別のボウルにヨーグルトとたまごを入れて、泡立て器でよく混ぜる。

3 混ざったら、ふるっておいた◆の薄力粉とココアパウダーを入れる。

4 泡立て器でよく混ぜておく。

5 電子レンジにかけた**1**を、泡立て器でよく混ぜる。

6 混ざったら、**5**に**4**を入れる。

☑ オーブンは、250℃に予熱しておく。

▷ 型に入れて焼く

7 泡立て器でよく混ぜる。

8 混ざったら、ゴムベラで混ぜてなめらかにする。

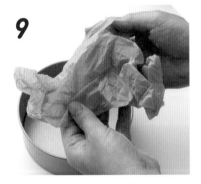

9 クッキングシートを、型からはみ出る大きさに切る。水でぬらしてにぎってしぼり、ひらく。

＊オーブンのとびらをあけたときに温度が下がるので、予熱温度を、焼く温度より10℃高くしている。

型の中に入れて、すみのほうまできちんとしく。

こすと、よりなめらかになる。

10の型の上にこし器を用意して、8を流してこしながら型に入れる。

天板にのせて、240℃のオーブンで30分焼く。

冷蔵庫
3〜5時間

焼きあがり。少しさめたら、冷蔵庫に3時間から5時間ぐらい入れて冷やす。

型からとり出して、

このままプレゼントするときは、透明袋などに入れるといい。

底の型をはずす。

ラッピング

バレンタインデーの数字に○

リボン

切り分けて、ハンバーガー用ランチボックスに

透明シートやクッキングシートをかけておくといい

お菓子のラッピング

▷ お菓子を入れたり、つつむのに使うもの

透明袋

いろいろな大きさのものがある。たいらな袋のほか、厚みのあるものを入れられる、マチつきの袋もある。お菓子に合わせて選ぶ。

ラッピングペーパー、ワックスペーパー

お菓子を入れた箱やかんなどをつつむ紙。ワックスペーパーは、油脂や水分がしみないので、直接お菓子をつつむこともできる。

紙袋

お菓子の油脂や水分がしみないように、透明袋などに入れてから入れる。

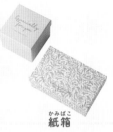

紙箱

お菓子の油脂や水分がしみないように、透明袋に入れたり、クッキングシートなどでつつんでから入れる。

かん

お菓子が中で動いてこわれないようにつめる。

ふたつき透明容器

ガラスやプラスチック製。中身を見せるラッピングができる。

ピローケース

お菓子を小さな透明袋に入れてから、つめるといい。

ペーパークッション

お菓子が動いてこわれないように、まわりにつめる、紙のクッション。

▷ お菓子を入れた入れものをかざるのに使うもの

ひもやリボン

いろいろな色や素材のものがある。

シール

メッセージが書かれているものもある。事務用品の無地のシールに、メッセージや絵をかいて、つくることもできる。

マスキングテープ

箱のふたや袋の口をとじたりするほか、かざりに使うこともできるテープ。いろいろな色や柄のものがある。

画用紙やおり紙

ペーパーヘッダーや帯、カードやふうとうなどを手づくりするときに使う。いろいろな色や柄のものがある。

お菓子をプレゼントするときは、ラッピングも大事。
せっかくつくったお菓子がこわれたり、つぶれたりしないように。
外のほこりや気温、湿気から守れるように。
そして、もらった人にワクワクしてもらえるように。くふうしてつつんでみよう。

ラッピングペーパーを使った簡単な箱のつつみ方

☑ クリームのない丸いケーキやパウンドケーキも、ワックスペーパーを使いこの方法でつつめる

ちょうどいい大きさに切った紙のまん中に箱をおいて、紙の両はじを合わせて、おりたたむ。

おった部分をねかせて、箱の片側の紙を、箱の角に合わせており下げる。

両側を、まん中にむかって三角におりたたむ。

紙の先端を上におり上げて、テープなどでとめる。反対側も同じようにする。
＊ケーキの場合は、先端を底におりこむ。

透明袋を使ったテトラパックのつつみ方

☑ クッキーなど、小さめの軽いお菓子にむいている

たいらな袋にお菓子を入れて、上の部分をたてにひらき、右と左を内側で合わせるようにして、下を三角にする。

上をおりたたんで、テープでとめる。テープでとめた部分がかくれるように、ペーパーヘッダーなどをかぶせるといい。

レースペーパー
ケーキなどのお菓子の下にしくレース状の紙。ペーパーヘッダーにしたり、箱に巻くなどラッピングにも使える。

パンチ
紙に穴をあける道具。とくに1穴パンチは、タグを手づくりするときや、リボンをとおす穴をあけるときなどに使えて便利。

スタンプ
文字やいろいろな柄、好きな形に切った消しゴムなどのスタンプをおして、タグやラベル、シールなどを手づくりすることができる。

かざり切り用はさみ
ギザギザや波形に切ることができる、クラフトはさみ。かざりをつくるときに便利。

▷ お菓子を入れた入れものをかざるアイデア

お菓子を入れた袋や箱、びんなどは、リボンやひもをむすんだり、
マスキングテープでとめたりするだけでも、プレゼントらしくなる。
タグやシール、カードをつけるのもいい。
お店で売っているものをそのまま使うのもいいけれど、
自分で簡単につくれるものもあるから、手づくりするのもおすすめだ。

ペーパーヘッダーをつける

お菓子を入れた透明袋の口をおりまげてテープなどでとめてから、厚紙や画用紙でつくったペーパーヘッダーをつける。

帯を巻く

コピー用紙などにサインペンでしまもようや格子柄をかいた帯を、びんや箱に巻く。

タグやシールをつける

厚紙や画用紙を切ってスタンプをおし、パンチで穴をあけてつくったタグや、無地のシールにスタンプをおしたりメッセージを書いた、手づくりのシールをつける。

カードや手紙をそえる

手づくりのカードや、おり紙ふうとうに入れた手紙をそえる。

パティシエとお店の紹介

いがらしろみ

菓子研究家。フランス菓子店勤務後、パリで製菓を学ぶ。帰国後、2004年にジャム専門店Romi-Unie Confiture、2008年に焼き菓子とジャムの店Maison romi-unieをオープン。秋・冬だけオープンするチョコレート菓子の店「Chocolaté romi-unie」を含め3店舗を、15年以上に渡り営む。また、他店舗や、商品のプロデュース、自治体の地域おこし等への協力も長期に渡り関わる。本や雑誌、テレビ、店舗以外でのジャム教室、イベント等の企画も請け、全国、海外でも活動の場を広げながら、さまざまな形でお菓子づくりの楽しさを伝える活動をしている。

Romi-Unie Confiture
（ロミ・ユニ コンフィチュール）

神奈川県鎌倉市小町2-15-11

Maison romi-unie（メゾン ロミ・ユニ）

東京都目黒区鷹番3-7-17

http：www.romi-unie.jp

江口和明（えぐち かずあき）

製菓専門学校を卒業後、「渋谷フランセ」に入社。その後、東京、神戸の高級チョコレート専門店にて研鑽を積む。ベルギーアントワープの老舗ショコラトリー「デルレイ」本店で研修後、他業種の商品開発を経験。26歳のときに最高のサーヴィスと経営を学ぶため、株式会社グローバルダイニングへ。「デカダンスデュショコラ」等、ペイストリー部門を統括。2013年デリーモブランド立ち上げ時よりシェフパティシエ/ショコラティエに就任。2020年2月よりYouTubeで動画の配信を開始。「お菓子のなぜ?」がわかる丁寧な解説、常識にこだわらないプロならではの手抜きテクニックが反響を呼び、現在チャンネル登録者数は20万人を超える。

Pâtisserie & Café DEL'IMMO
（パティスリーアンドカフェ デリーモ）

【日比谷店】東京都千代田区有楽町1丁目1-2
東京ミッドタウン日比谷B1F

※この他、東京・目白店、ららぽーと豊洲店、大丸神戸店、
　大阪・梅田店、京都店、東京大丸店（カフェ）がある。

https://de-limmo.jp

遠藤淳史（えんどう あつし）

フランス料理の専門学校を卒業後、「ANAクラウンプラザホテルグランコート名古屋」、「グランドハイアット東京」を経て渡仏し、パリの「デ・ガトー・エ・デュ・パン」、「ジェラール・ミュロ」などに3年間勤務。帰国後、東京・湯島の「タント・マリー」（閉店）のシェフ・パティシエを5年間務め、2021年4月、東京都台東区に「コンフェクト コンセプト」をオープン。

confect concept（コンフェクト コンセプト）

東京都台東区元浅草2-1-16
シエルエスト1F

https://confect-concept.square.site

新田あゆ子（にった あゆこ）

都内洋菓子店で経験を積んだのち、製菓専門学校での勤務を経て、2006年東京・東麻布にてお菓子教室を、翌2007年には、お菓子の販売をスタート。2012年には、喫茶併設の浅草店、2014年には松屋銀座店をオープンし、イベントの出店をはじめ、ワークショップなども多数行っている。お菓子にまつわる仕事を通して、出会う人とのつながりを大切に、スタッフとともに、日々、手づくりのお菓子をつくり続けている。

菓子工房ルスルス（かしこうぼうルスルス）

【浅草店】東京都台東区浅草3-31-7
【東麻布店】東京都港区東麻布1-28-2
【松屋銀座店】東京都中央区銀座3-6-1

http://www.rusurusu.com/

パティシエにおしえてもらった
子どもがつくれる
プレゼント菓子

だれかにプレゼントしたくなる、
お菓子がいっぱい！

初版発行　2023 年 9 月 30 日
2 版発行　2024 年 8 月 10 日

編者©
柴田書店

発行者
丸山兼一

発行
株式会社柴田書店
〒113-8477
東京都文京区湯島3-26-9 イヤサカビル
［ 営業部 (注文・問合せ) ］
03-5816-8282
［ 書籍編集部 ］
03-5816-8260
https://www.shibatashoten.co.jp

印刷・製本
シナノ書籍印刷株式会社

ISBN 978-4-388-06371-0
Printed in Japan ©Shibatashoten 2023